AF110383

www.ingramcontent.com/pod-product-compliance
Lightning Source LLC
LaVergne TN
LVHW021225080526
838199LV00089B/5835

9789369087907

آواز

(مجموعہ کلام)

معین ادیبی

© Moin Adeebi

Aawaaz *(Poetry Collection)*
by: Moin Adeebi
Edition: December '2024
Publisher :
Taemeer Publications LLC (Michigan, USA / Hyderabad, India)

ISBN 978-93-6908-790-7

9 789369 087907

مصنف یا ناشر کی پیشگی اجازت کے بغیر اس کتاب کا کوئی بھی حصہ کسی بھی شکل میں بشمول ویب سائٹ پر اَپ لوڈنگ کے لیے استعمال نہ کیا جائے۔ نیز اس کتاب پر کسی بھی قسم کے تنازع کو نمٹانے کا اختیار صرف حیدرآباد (تلنگانہ) کی عدلیہ کو ہوگا۔

© معین ادیبی

کتاب	:	**آواز** (مجموعہ کلام)
مصنف	:	**معین ادیبی**
صنف	:	شاعری
ناشر	:	تعمیر پبلی کیشنز (حیدرآباد، انڈیا)
سالِ اشاعت	:	۲۰۲۴ء
صفحات	:	۱۱۶
سرورق ڈیزائن	:	تعمیر ویب ڈیزائن

انتساب

میں اپنے اس اثاثۂ فکر کو

عالی جناب **فاروق احمد چھوٹانی** صاحب

کے

نام منسوب کرتے کا فخر حاصل کرتا ہوں جنکی مساعی جمیلہ سے
یہ کتاب زیور طباعت سے آراستہ ہوئی۔

معین ادیبی

آواز (مجموعہ کلام)   معین ادیبی

دیکھنے والے ترا حسنِ نظر ہے ورنہ
میری تصویر میں تصویر کا انداز کہاں

اظہارِ تشکر

اللہ تعالیٰ مسبب الاسباب ہے ۔ جب وہ کچھ کام کرنا چاہتا ہے تو اپنے کسی نیک بندے کو ذریعہ بنا کر اس کام کو پایۂ تکمیل تک پہنچا دیتا ہے ۔

میرے وہم و گمان میں بھی نہیں تھا کہ میں ایک ملازمت پیشہ شاعر اپنے اثاثۂ فکر کو کتابی صورت میں دیکھ سکوں گا ۔ میرے اکثر احباب اور قدر دان عرصے سے میرے کلام کی اشاعت کے متمنی تھے لیکن میں مالی حیثیت سے خود اس قابل نہیں تھا کہ اپنے کلام کا مجموعہ شائع کر سکوں ۔

میری اسی بے بسی کے پیشِ نظر ملک کے بے لوث سماجی رہنما عالی جناب فاروق احمد چھوٹانی صاحب نے میرے قریبی احباب کے ساتھ ایک جشن کمیٹی تشکیل دے کر مالکان کتب خانہ تاج آفس سیفی نقیبیہ برادران کی وساطت سے میرے شعری افکار کو کتاب کی صورت میں شائع کرنے کا مستحسن اقدام کیا ۔ اللہ جزائے خیر دے ان تمام حضرات کو جنھوں نے دامے ، درمے ، قدمے ، سخنے مجھ سے پُرخلوص تعاون کیا ۔ میں اپنے دل کی گہرائیوں کے ساتھ ان تمام حضرات کا ممنون ہوں ۔

میں اپنے کلام کے محاسن و عیوب پر کوئی گفتگو نہیں کر سکتا اسلئے کہ ہر فنکار اپنی تخلیق کو کسی طرح برا نہیں سمجھتا ۔ میرے کلام کا مطالعہ کرنے والے میرے کلام کی زشت و خوبی کا بہتر اندازہ کر سکتے ہیں ۔ خصوصاً اس کتاب کے "پیش لفظ" اور "مقدمہ" میں ڈاکٹر عصمت جاوید ایم ،اے ، پی ایچ ڈی اور حضرت پرواز اصلاحی نے میرے کلام پر جو تبصرہ کیا ہے ان کی روشنی میں میری شاعری کی اہمیت و حیثیت کا اندازہ ہو سکتا ہے ۔

میری زندگی جن مشکلات اور دشواریوں میں گذری اور گذر رہی ہے اسکا اندازہ جناب

ن۔م شیخ صاحب کے حرفِ آغاز سے ہو سکتا ہے۔ میں ان حضرات کا نہایت ممنون ہوں کہ انھوں نے بڑے خلوص کے ساتھ میری شاعری اور شخصیت پر اپنے قلم کو جنبش دی۔

میں ایک بار پھر اپنے محسن جناب فاروق احمد چھوٹانی، جناب مصطفیٰ فقیہہ، جناب نور الحسن سیفی، جناب محمد یونس سیفی، جناب خلیل فقیہہ، جناب محمد ایوب سیفی، جناب سید خلیل الرحمٰن (سابق چیف اکاؤنٹنٹ میسرز مہندرا یوجین کارپوریشن) اور پرخلوص احباب جناب ن۔م۔ شیخ، جناب عثمان خان مستری (میاں بھائی) جناب محمد اسحاق انصاری، جناب اصغر مرزا پوری، جناب پیام سعیدی، ڈاکٹر عبدالخالق ذکی انصاری اور مشہور خوش نویس حضرات جناب محمد قاسم فیضی اور عبدالرحمٰن شیخ کا شکریہ ادا کرتا ہوں کہ انہیں کی کوششوں سے یہ کتاب ظہور پذیر ہوئی

معین ادیبی

پیش لفظ

ایک مشہور مقولہ ہے کہ کچھ لوگ بڑے پیدا ہوتے ہیں۔ کچھ لوگوں پر بڑا پن تھوپا جاتا ہے اور کچھ اپنی کوششوں سے بڑے بنتے ہیں۔ یہی بات شاعروں اور فنکاروں کے بارے میں بھی کہی جاسکتی ہے۔ کچھ شاعر پیدائشی ہوتے ہیں کچھ بنا دیئے جاتے ہیں اور کچھ محنت و ریاضت سے شاعر بننے کی کوشش کرتے ہیں۔

معین ادیبی کے بارے میں وہی بات کہی جاسکتی ہے جو غالب نے اپنے بارے میں کہی تھی یعنی

؎ شعر خود خواہش آں کرد کہ گردد فنِ ما۔ معین ادیبی کو شاعری ورثے میں ملی ہے۔ ان کے والد محمد حنیف ظاہر اعظم گڑھ کے خوش گو شعراء میں شمار کئے جاتے تھے۔ معین کو شاعری کے ساتھ ساتھ غریبی بھی ورثے میں ملی اور اسی غریبی کی وجہ سے وہ اعلیٰ ذہنی صلاحتیں رکھنے کے باوجود اعلیٰ تعلیم کی برکتوں سے محروم رہے۔ فوقانی تعلیم کے لئے ہیوم ہائی اسکول بمبئی تک ضرور رسائی ہوئی لیکن تعلیم جاری نہیں رکھ سکے اور تحصیلِ علم کا بہترین زمانہ کسبِ معاش کے تگ و دو کی نذر ہوگیا۔ بمبئی میں مشاعروں کی سرگرمیوں نے ان کے اندر کے خفتہ فنکار کو جگایا اور ۱۹۴۷ء سے اب تک سخن گوئی ان کا محبوب مشغلہ ہے۔ ۱۹۵۰ء سے حضرت ادیب مالیگانوی سے مشورۂ سخن کرتے ہیں اور اسی رعایت سے 'ادیبی' ان کا جزوِ نام ہے۔

معین ادیبی کی شاعری مشاعروں کی فضا میں پروان چڑھی ہے غالباً اسی لئے ان کے مجموعۂ کلام کا نام "آواز" رکھا گیا ہے زمانۂ قدیم میں مشاعرے کی روایت نے اردو شاعری کی ترویج و اشاعت میں جب طباعت کی سہولتیں عام نہیں تھیں اپنا تعمیری و تہذیبی کردار ادا کیا ہے

اور آج بھی جبکہ اشاعت کے وسائل میں قابلِ قدر اضافہ ہوا ہے مشاعرے کی افادیت سے انکار نہیں کیا جاسکتا یہ آج بھی تہذیبی ادارے کی حیثیت رکھتا ہے۔ شاعری کا ذریعۂ اظہار زبان اور زبان کا بنیادی ذریعۂ اظہار آواز اور صرف آواز ہے۔ تحریر اسکی ثانوی صورت ہے کیونکہ حروف کی ٹھٹھری ہوئی بے جان آڑی ترچھی لکیریں آواز کے زیر و بم کا بدل نہیں ہو سکتیں۔ کلامِ شاعر بزبانِ شاعر سننے سے سامع کے دل پر جو اثر مرتب ہو سکتا ہے وہ قاری کے دل میں اس کلام کو حروف میں مقید دیکھ کر اور اسے اپنے لہجے میں پڑھ کر نہیں ہو سکتا۔ لیکن مشاعرے کی شاعری کے اپنے حدود بھی ہیں۔ یہاں غزل گوئی کے مقابلے میں غزل سرائی زیادہ مقبول ہوتی ہے۔ سامنے کی باتیں عام تجربات اور پیش پا افتادہ خیالات پھڑکتے ہوئے انداز بیان میں ڈھل کر مشاعرہ لوٹ لیتے ہیں۔ معمولی سے معمولی شعر پر بھی داد ملتی ہے اور گہرے سے گہرا فکر انگیز شعر بھی سر سے گذر جاتا ہے۔

مشاعرہ نئے نئے فنی تجربوں کا متحمل نہیں ہو سکتا اس لئے مشاعرے کی شاعری اس شاعری سے بہت پیچھے ہوتی ہے جو معیاری رسائل اور معیاری شعری مجموعوں میں دکھائی دیتی ہے اور تنقید کا موضوع بنتی ہے۔ یہی وجہ ہے کہ نئی اردو غزل تجربات کی کئی منزلوں سے گذر کر اور عصری حسیت کی ترجمان بن کر ارتقا کی جس منزل میں آج دکھائی دیتی ہے۔ وہ مشاعرے کی غزلوں سے بمراحل آگے ہے۔ چونکہ معین ادیبی کا کلام ادبی رسائل کے صفحات پر بہت کم نظر آتا ہے اور انھوں نے شاید اپنی تمام تر غزلیں مشاعروں ہی کے لئے لکھی ہیں اس لئے ان کی غزلوں میں وہ تمام روایات ملتی ہیں جو اپنے زمانے کے اساتذہ حسرت، اصغر، جگر اور فانی کی قائم کی ہوئی ہیں اور جن میں کلاسیکیت کا فنی رچاؤ ہے۔ مثلاً معین کے یہ اشعار دیکھئے۔

کوئی پہلو میری بخشش کا تو نکلا سرِ حشر حق بجانب تھا گناہوں پہ پشیماں ہونا

مزاجِ حسن میں اب برہمی معلوم ہوتی ہے مجھے نبضِ تمنا ڈوبتی معلوم ہوتی ہے

میں ہر مقامِ تحیّر سے ہو کے گذرا ہوں جنوں نے حوصلے دل کے بڑھائے ہیں کیا کیا

انس رکھتی ہے یقیناً تیرے دیوانے سے چاندنی یونہی نہیں کھیلتی ویرانے سے

پردہ اٹھا، اڑے ہوش، ایمن جلا اک تجلّی زمیں تا فلک رہ گئی

اس قبیل کے اشعار میں جن کی اپنی دلکشی اور اپنا جمالیاتی معیار ہے۔ اصغر، فانی، جگر کی

شعری روایات کا احترام ملتا ہے۔ پھر اکثر غزلیں غالباً طرحی ہیں جن میں کچھ سنگلاخ زمینیں بھی ہیں۔
جیسے

ع عشق موضوعِ سخن ہو تو غزل ہوتی ہے (ملن ہو تو غزل ہوتی ہے، وطن ہو تو غزل ہوتی ہے)
ع رہِ ہستی میں عقیدت کے نشاں بنتے رہے (آستاں بنتے ہیں، جسم و جاں بنتے رہے)
ع مرے جنوں کی مرے بانکپن کی بات کرو (کرن کی بات کرو، پیرہن کی بات کرو)
غ حسن یوں بے نقاب کس دن تھا (حساب کس دن تھا، جواب کس دن تھا)
ع ہوش کی حد سے بڑھے خواب گراں تک پہنچے (نشاں تک پہنچے، رازِ نہاں تک پہنچے)
ع ہنگامہ انجمن میں وہ برپا ہوا کے بس (ہوا کے بس، رضا کے بس)
ع ہلال عید کے دیدار میں ہم رت بھر جاگے (پیار میں رات بھر جاگے، دیدار میں رات بھر جاگے)
غ حیات افروز نکلی اور محبت آفریں نکلی (زمیں نکلی، جبیں نکلی)

ایسی زمینوں میں وہی استادانہ کمال دکھا سکتا ہے جس نے کلاسیکی شاعری کا رس پیا ہو اور جسے زبان و بیان پر خاص قدرت ہو۔ معین ادیبی کی اکثر غزلوں میں یہی استادانہ رنگ پایا جاتا ہے وہی داؤ پیچ وہی پینترے بازی۔ کہیں کہیں تو معین نے ردیف کو بھی چمکا دیا ہے مثلاً "کہ بس" ردیف والی غزل کا یہ شعر ملاحظہ ہو

کیوں تم نے ہاتھ مشقِ ستم سے اٹھا لیا ہے اور کوئی پیکرِ صبر و رضا کہ بس

"شام سے جل جاتے ہیں، گام سے جل جاتے ہیں" والی غزل "قفس کی تیلیاں اور اگلے برس کی تیلیاں" سے کم سنگلاخ نہیں پھر بھی اس زمین میں معین کے یہ شگفتہ اشعار دیکھئے۔

گل پہ شبنم کے دیئے قلب میں داغوں کے چراغ صبحدم جلتے ہیں کچھ شام سے جل جاتے ہیں
کچھ ضروری تو نہیں تیرا تعلق اے دوست لوگ تو یوں بھی مرے نام سے جل جاتے ہیں
حسن کو میں بھی محبت کا خدا کہتا ہوں آپ ناحق مرے اسلام سے جل جاتے ہیں

ان اشعار میں وہ روایتی اور مانوس فضا ہے جو ایک زمانے تک اردو غزل کا مزاج تھی۔ زمانے کے ساتھ ساتھ اردو غزل تو آگے بڑھ گئی لیکن مشاعروں میں یہ روایتی فضا آج بھی قائم ہے۔ یہ آنچ صرف ذہنی مشقیں معلوم ہوتی ہیں لیکن صحیح معنوں میں وہی کلام زندہ رہتے کا کس بل اپنے اندر رکھتا ہے

جو اس مصنوعی فضا کے باہر بھی سانس لے سکے۔ کلام معین کی روایتی یک رنگی میں کبھی کبھی ان کی چونکا دینے والی نئی آواز بھی سنائی دیتی ہے اور ہمیں محسوس ہوتا ہے کہ ہم شاعر کے دل کی دھڑکنیں اپنے سینے میں محسوس کر رہے ہیں۔ ہمیں اس آواز میں احساس کی شگفتگی بھی ملتی ہے اور جذبے کی تہہ در تہہ سطحیں بھی۔ ایسا محسوس ہوتا ہے کہ شاعر اپنے قلبی احساسات اپنی زبان میں بیان کر رہا ہے اور بڑے موثر انداز میں بیان کر رہا ہے۔ اس میں زندگی کا مشاہدہ بھی ہے۔ وقت کے بے رحمی کا احساس بھی اور اپنی ٹوٹی چھوٹی شخصیت کو سمیٹنے کی خواہش بھی۔ اگر معین روایتی انداز کے شور شغب میں اپنی آواز پہچان لیں اور اسے پا لیں پوسیں تو کوئی تعجب نہیں اگر اپنی ذات کی بازیافت انھیں غزل گو کی حیثیت سے اردو ادب میں ایک منفرد مقام عطا کر دے۔ مندرجہ ذیل اشعار ان کی تابناک مستقبل کے ضامن بن سکتے ہیں۔

ایک طوفاں کی خبر دیتا ہے دریا کا سکوت
لیکن آسان نہیں اندازۂ طوفاں ہونا

چاہا تو بہت اس نے کہ پھل ٹوٹ کے گر جائیں
پتھر کوئی لگنے نہ دیا تیز ہوا نے

اپنے پیروں کا لہو یوں بھی اچھالے کوئی
پتھروں کو گل و گلزار بنالے کوئی

اتنا مجبور بنا دیتے ہیں حالات اسے
آپ ہو جاتا ہے طوفاں کے حوالے کوئی

ہم تو عادی ہیں ضرورت لیے چلتی ہے ہمیں
پا برہنہ ذرا اس دھوپ میں آئے کوئی

پڑ جائے کب اس دور میں کس شئے کی ضرورت
اچھا ہے رہے پاس میں تریاق بھی۔ سم بھی

کھینچ کر آپ نے کیوں کماں چھوڑ دی
داستاں صرف تمہید تک رہ گئی

گرم جن کا لہو ہے ان کے لئے
خامشی موت، زندگی آواز

یہ دیر و حرم کے بدلتے ہوئے زاویوں میں انسان دوستی کے اپنے مرکز پر قائم رہنا، آنے والے پرآشوب دور کا بے نام مبہم احساس، یہ تعصب کی آندھی میں ردعمل کے طور پر جوابی تعصب کا شکار ہونے کا صبر آزما احساس۔ یہ تیز ہوا کا تاریخی جبر جو پتھر کو نشانے پر لگنے نہیں دیتا۔ یہ سنگساران ساحل کو اپنے ساتھ دھوپ میں پا برہنہ چلنے کا طنز آمیز بلاوا، یہ زمانے کے ہر آن بدلتے ہوئے تقاضوں سے ہم آہنگ ہونے کی کوشش میں تریاق کے ساتھ زہر بھی رکھنے کی کوشش، یہ اپنے پیروں سے لہو اچھال کر پتھروں کو گل و گلزار بنانے کی خواہش، یہ عصر حاضر کے ادھورے سپنے، یہ گرم لہو کا آواز کو زندگی اور خاموشی کو موت سمجھنا۔ یہ سب شاعر کے انفرادی تجربات ہیں جنھیں اس نے شعور کی سطح پر نہیں

بلکہ اپنی ذات کے اندر محسوس کیا ہے۔ یہ تجربے صرف غیر متعلق خارجی زندگی کا دور سے کیا جانے والا مشاہدہ نہیں بلکہ عصری حسیت کو اپنے جذبات میں جذب کرنے کی ایک فنکارانہ کوشش ہے۔ یہ تجربات شاعر کے جذباتی نظام کا حصّہ معلوم ہوتے ہیں ان میں بصارت سے زیادہ بصیرت کی کارفرمائی ہے۔ یہ زندگی کے وہ حقائق ہیں جنھیں شاعر نے سوچا نہیں بلکہ اپنے حواس خمسہ کی مدد سے محسوس کیا ہے۔ عصری آگہی کے ساتھ ساتھ معین کی غزلوں میں ذاتی محرومیوں کی ترجمانی بھی اس انداز سے کی گئی ہے کہ وہ ہر ایک کی ذاتی محرومیاں بن کر بھی صرف شاعر کی ذاتی محرومیاں محسوس ہوتی ہیں۔ محبت میں بھی احساس وعلم شاعر سے آنکھ مچولی کھیلتے ہیں اور شاعر شعور وجذبے کی مختلف سطحوں میں ڈوبتا ابھرتا رہتا ہے۔ احساس فراق کبھی شعور کی سطح پر علم بن جاتا ہے تو کبھی احساس کی سطح پر پہنچ کر شاعر کی ذات کا حصہ بن جاتا ہے۔

معین ان کی کمی شدت سے مجھکو خلوت غم میں کبھی محسوس ہوتی ہے کبھی معلوم ہوتی ہے

عالم خود فراموشی میں شعور ذات کی یہ بظاہر سمٹی سمٹائی لیکن درحقیقت دور دور تک پھیلی ہوئی حدیں بھی ملاحظہ ہوں۔

وہ عہد شوق اپنا، وہ مسلسل خود فراموشی وہیں تک یاد آتا ہے جہاں تک یاد ہوتا ہے

کبھی کبھی محبوب کی تصویر سے بات کرنے کا شدید جذبہ خود اس تصویر میں جو اپنی ذات سے بے جان ہے۔ جان بھر دیتا ہے اور وہ جیتی جاگتی معلوم ہونے لگتی ہے حالانکہ تصویر جیتی جاگتی نہیں بلکہ شاعر کا جذبۂ شوق جیتا جاگتا ہے۔

ابھی جیسے کہ بول اٹھے گی مجھ سے حال دل اپنا تری تصویر جیتی جاگتی معلوم ہوتی ہے

تصویر سے شاعر کا ذہن مصور کی طرف منتقل ہوتا ہے وہ اس مجرد قوت کو پیکر مجاز میں ڈھال کر دیکھ تو نہیں سکتا البتہ اس کے ذہن میں صرف مصور کا ہاتھ ابھرتا ہے جسے جذبۂ عبودیت سے سرشار ہو کر چومنے کو بے اختیار خواہش اس کے اندر سر ابھارتی ہے۔ یہ قطعہ ملاحظہ ہو۔

حسن فطرت کے راز دار ہو تم نازش بزم روزگار ہو تم
کاش میں اسکے ہاتھ چوم سکوں جس مصور کا شاہکار ہو تم

معین غزلوں کے مقابلے میں اپنے دو شعری قطعات میں زیادہ کھل کر سامنے آتے ہیں۔ حال سے

۱۰

غیر مطمئن ہوکر وہ ماضی کی معمولی سی معمولی بات بھی غزل کے شعر میں اسطرح یاد کرتے ہیں۔

ایک اک پل ہے یاد ماضی کا وقت اتنا خراب کس دن تھا

لیکن ایک قطعے میں یہی احساس ایک نئے روپ میں سامنے آتا ہے۔

چاندنی رات یاد آتی ہے ہر ملاقات یاد آتی ہے
تم مرے پاس جب نہیں ہوتے ایک اک بات یاد آتی ہے

یہ قطعہ بھی دیکھئے

ہر سزا ہے مجھے تسلیم، ہر اک جرم قبول کچھ ستم اور ندامت کے سوا فرماتے
دیکھ سکتا ہوں ہر اک منظر غم ناک مگر آپ کی آنکھ میں آنسو نہیں دیکھے جاتے

حسن پرستی شاعر کی فطرت ثانیہ ہے لیکن جوانی میں یہ معصوم ذوق شکوک و شبہات کے دروازے بھی کھول دیتا ہے۔

کون منکر ہے اس حقیقت کا حُسن خُلد نگاہ ہوتا ہے
یہ جوانی ہے کس قدر بدنام دیکھنا بھی گناہ ہوتا ہے

غرض معین ادیبی کے فطری شاعر ہونے میں کوئی شبہ نہیں، ان کے مجموعہ کلام کو شائع کر کے جشن کمیٹی نے ایک قابل ستائش قدم اٹھایا ہے۔ مجھے یقین ہے کہ یہ مجموعہ ادب نواز حلقوں میں پسندیدہ نظروں سے دیکھا جائیگا اور یہ "آواز" دور دور تک پھیلے گی اور تادیر قائم رہیگی۔

ڈاکٹر عصمت جاوید
صدر شعبہ اردو فارسی
گورنمنٹ کالج آف آرٹس اینڈ سائنس
اورنگ آباد

مقدمہ

اردو زبان میں شعر موزوں کرنے والوں کی کمی نہیں ہے۔ ہندوستان کے ہر شہر، ہر قصبہ ہی میں نہیں بلکہ اس کی چھوٹی چھوٹی بستیوں میں بھی درجنوں شاعر آپ کو مل جائیں گے۔ یہاں قحط الرجال تو اکثر رہا لیکن قحط الشعراء کی شکایت کبھی سننے میں نہیں آئی۔ انقلابِ زمانہ سے جہاں ہر چیز متاثر ہوئی ہے وہاں اردو زبان بھی اس کا ہدف بنی۔ مگر جہاں تک اردو شاعروں کا تعلق ہے ان کی تعداد میں روزافزوں اضافہ ہی ہوتا رہا، سوال یہ ہے کہ ان میں کتنے ایسے ہیں جن کو واقعی شاعر کہا جاسکتا ہے اور جن کے قد پر شاعری کی قبا راست آتی ہے۔

حسن اور کمال کی قدردانی اس لئے کی جاتی ہے کہ یہ جوہر کہیں کہیں پایا جاتا ہے۔ اگر ہر کنکر موتی اور ہر پتھر ہیرا بن جائے تو گوہر و الماس کی کوئی قدر و قیمت ہی باقی نہ رہے۔ مشک و زعفران اور لعل و گہر کنکر پتھروں کی طرح نہیں پائے جاتے، قدرت کی اس میں بڑی نازک اور دقیق مصلحت پنہاں ہے کہ یہ نادر الوجود اور کمیاب ہیں اسلئے گرانقدر ہیں۔

معین ادیبی بھی اردو کے شاعر ہیں اور شعراء کی فہرست اگر مرتب کی جائے تو ان کا نام بھی اسی میں لکھا جائے گا مگر حقیقت یہ ہے کہ ان کا نام اور کلام ان شاعروں کے تذکروں میں آنا چاہیئے جو حقیقی شاعر ہیں اور جو اپنے اندر جوہر خداداد رکھتے ہیں، جن کی فطرت میں شعر کا ملکۂ راسخہ ہے، اور جن کے کلام نے اردو شاعری کی آبرو بڑھائی ہے۔ ان کی غزلوں میں ایک شیرینی اور حلاوت کا احساس ہوتا ہے۔ سادگی کے باوجود ایک پُرکاری نظر آتی ہے صفائی اور صاف گوئی کا پتہ چلتا ہے۔ شگفتگی اور شادابی کے عناصر دکھائی دیتے ہیں، اور ان سب سے

مل کر وہ رچا ہوا انداز ملتا ہے جس کو غزل کی روایت میں بڑی نمایاں حیثیت حاصل ہے۔

معینؔ کی شاعری قدیم فنی و شعری اقدار سے منسلک و متاثر ہونے کے باوجود زندگی کی نئی قدروں سے بھی اتنی ہی قریب ہے جتنی کسی جدید شاعر کی شاعری ہو سکتی ہے۔ ہاں یہ ضرور ہے کہ ان کے اخلاقی نظریات نے ان کی شاعری کو ان معنوں میں جدید یا ترقی پسند نہیں بننے دیا جن کی رد سے اور کچھ ہو یا نہ ہو لیکن شاعری پر لیبل ضرور لگ جاتا ہے۔ انھوں نے اپنی شاعرانہ شخصیت کو کسی ادبی گروپ یا تحریک سے وابستہ نہیں ہونے دیا جس کا نفسیاتی ردعمل اس صورت میں رونما ہوا کہ ان کے ساتھ کسی گروہ نے اتنی بھرپور یگانگت نہیں برتی جس کی ضرورت جانبدارانہ توصیف و تشہیر کے اس دور میں قدم قدم پر پیش آتی ہے۔

معین کی غزلوں کا پہلا اور بنیادی وصف لہجے کی وہ سادگی اور شستگی ہے جو کسی شعر کو سماعت کے پردوں سے دل کی منزل تک پہنچانے میں بڑا اہم کردار ادا کرتی ہے۔ نیز وارداتِ قلب کے بیان میں وہ تاثیر بھر دیتی ہے جس کی لہریں احساس کے تاروں کو چھیڑتی ہوئی برقی رفتار سے قلب کی گہرائیوں میں اتر جاتی ہیں۔ ان کی غزل کا خمیر غنائیت، شدتِ جذبات، نزاکتِ ادا، اور سوز و گداز کے عناصر سے تیار ہوا ہے۔ ان میں جذبات و محسوسات کی جو شبیہیں رواں دواں ہیں۔ حالات و واقعات کی جو پرچھائیاں نمایاں ملتی ہیں اور ان میں جو تخلیقی بانکپن نظر آتا ہے۔ ان میں بڑی توانائی اور معنی آفرینی پائی جاتی ہے۔ جن میں نکھار بھی ہے اور دلآویزی بھی، کیف و مستی بھی ہے اور والہانہ وابستگی بھی، حسنِ ادا بھی ہے اور طہارتِ فکر بھی، معینؔ کی غزلوں کا مطالعہ کیجئے تو آپ کو میرے اس خیال کی تائید کرنی پڑے گی۔ دیکھئے کہتے ہیں ؎

اک نگاہِ غلط انداز بھی مجھ پر نہ ہوئی
ایسے مصروف رہے آپ خود آرائی میں

ابھی جیسے کہ بول اٹھے گی مجھ سے حالِ دل اپنا
تری تصویر جیتی جاگتی معلوم ہوتی ہے

آنسوؤں سے تجھے اندازۂ غم کیا ہوگا
دیکھنے والے اُتر قلب کی گہرائی میں

خود اعتمادی بڑے کام آئی ورنہ معینؔ
رہِ طلب میں قدم ڈگمگائے ہیں کیا کیا

بیخودی ہو تو عبادت کا مزہ آتا ہے
آؤ ہو آئیں ذرا دیر کو میخانے سے

وہ اک نگاہ جو مخمور کر گئی دل کو
اس اک نگاہ کی مستی شراب کیا جانے

گرے ہیں میرے دامن پر کچھ اس انداز سے آنسو
بکھر جاتے ہیں جیسے ٹوٹ کر تسبیح کے دانے

نکھارتے ہیں رُخِ زندگی کو اپنے معین — کسی کے جلوۂ رنگیں کی جھلکیاں لیکر
تصویر کے دو رُخ کبھی دیکھے نہیں جاتے — دنیا کو تمہیں جان کے پہچان رہے ہیں
اب شدتِ غم کا بھی احساس نہیں ہوتا — اے جوشِ جنوں تیرا یہ کارِ نمایاں ہے
احتیاطاً بھی نظر ان سے ملائی نہ گئی — اتنی مجبور محبت کبھی پائی نہ گئی
کوئی ماضی کے دریچوں سے صدا دیتا ہے — یاد اکثر مجھے بھولے ہوئے غم آتے ہیں
ان کی طرف بھی اٹھتیں سرِ بزم انگلیاں — اچھا ہوا کہ کوئی ہمیں جانتا نہ تھا
اتنا مجبور بنا لیتے ہیں حالات اسے — آپ ہو جاتا ہے طوفاں کے حوالے کوئی؟
حادثہ کہیئے کہ حسنِ اتفاق — آنکھ ملتے ہی محبت ہو گئی
آنکھیں نہیں جو کیفیتِ غم کو سمجھ لیں — حالات کی منہ بولتی تصویر ہیں ہم بھی

کسی اچھے شاعر کی آواز میں اگر ایک طرف اس کی شخصی زندگی کی مسرتوں، صعوبتوں، آسودگیوں، اور محرومیوں کا پایا جانا ضروری ہے تو دوسری طرف اس کی شاعرانہ لَے پر اس کی سماجی و سیاسی ماحول کی عکس افگنی بھی لازمی ہے۔ معین کی غزلوں میں عصری میلانات کی ترجمانی کے ساتھ تفکر، پاکیزگی، توانائی اور حرارت ہے جو زندگی کی صالح اور فعال قوتوں کو بیدار کرتی ہے۔

انھوں نے غزل کا دامن محض عشق و عاشقی تک محدود نہیں رکھا بلکہ اس کے کینوس کو حیات و کائنات کی دوسری قدروں کے خطوط و دوائر تک وسیع تر کر دینے کی کوشش کی ہے۔ چنانچہ ۱۹۴۷ء کے بعد ہمارے ملک میں جو انقلاب آیا۔ مذہب، نسل، زبان اور علاقائیت کی بنیاد پر جو نفرت کا طوفان آیا، اور فساد کی جو آندھیاں چلیں، اور جس طرح خون کی ہولیاں کھیلی گئیں اور انسانیت کو جس اذیت ناک دور سے گذرنا پڑا۔ اس سے ایک حساس شاعر کا متاثر ہونا لازمی تھا۔ معین کے کلام میں بھی اس کی جھلک بے اختیارانہ طور پر آگئی ہے۔ کہتے ہیں ؎

نظمِ چمن کچھ اور بگڑتا چلا گیا — تبدیلیاں بہت ہوئیں فکر و نگاہ میں

معین ایک حق پرست انسان ہیں۔ انھیں وطن سے محبت ہے۔ وطن کی سرزمین اور وطن

والے انھیں عزیز ہیں۔ اس لئے انھوں نے محبت، بھائی چارگی، انسانیت اور شرافت کے جذبات کا بھی اظہار کیا ہے۔ اور ان کے سامنے وہ بڑے خلوص کیساتھ پیام انسانیت دیتے ہیں ؂

عصبیت کا مظاہرہ نہ کرو
قلب فنکار ٹوٹ جائے گا

سلوکِ اہلِ چمن ناگوار ہے لیکن
چمن سے جائیں کہاں اپنا آشیاں لیکر

سچ ہے بدل گیا ہے نظامِ چمن مگر
اک انقلاب اور بھی اس فضا کے بعد

معین چشم بینا اور دل بیدار دونوں کے مالک ہیں، ان کی غزلوں میں تعمیری وارتقائی خوابوں کی روشنی ہے جسے وہ حیات کی تاریک وادیوں میں بکھیر دینا چاہتے ہیں۔ وہ دورِ حاضر کی تمدنی ترقی اور سائنس کے جدید کارناموں کو اس لحاظ سے اچھی نظر سے نہیں دیکھتے کہ ان کے نتائج خوشگوار نہیں، ان کی خواہش ہے کہ انسان پہلے انسان بن جائے اس کے بعد پھر کچھ اور بنے۔ اولادِ آدم کی فلاح انسانیت کے دائرہ میں رہنے پر منحصر ہے۔ اسی لئے کہتے ہیں ؂

یہ دورِ ارتقا کتنا تنزل آفریں نکلا
ابھی تک آدمی میں آدمیت کی کمی کیوں ہے

ڈھونڈنے آپ چلے ہیں کسی انساں کو معین
آدمی بھی نظر اس دور میں کم آتے ہیں

ہر چند ہے عناصرِ ہستی پہ اختیار
انسان پا سکا نہ مقدر پہ بس ابھی

کس نے رکھا ہے تغیر پہ نظامِ فطرت
مطمئن گردشِ ایام سے انسان نہ ہوا

تفکرات سے آزاد سوئے تھے شب میں
سحر ہوئی تو نیا اک سوال رکھا ہے

پابندِ عمل ہوتی نہیں جنکی کوئی بات
کیا کہئیے وہی وقت کے سلطان رہے ہیں

اسلحے ڈھال رہا ہے جو تباہی کیلئے
ذہنِ انسان کے کمالات پہ تنقید کرو

کیوں اس کے خرد پر نہ جنوں قہقہہ زن ہو
نکلا ہے جو سورج کو چراغ اپنا دکھانے

معین خالص غزلگو شاعر ہونے کے باوجود ماضی سے آگہی اور حال و مستقبل پر گہری نظر رکھتے ہیں۔ ان کے ذہن کا شعری یا غزلیہ رچاؤ اتنا ہمہ گیر ہے کہ وہ ہر بات کو خواہ اس کا تعلق اخلاقی و مذہبی موضوعات سے ہو یا سیاسی و معاشی مسائل سے شعریت کی چاشنی عطا کر دیتے ہیں۔ غزل کے سانچے میں اخلاقی عناصر جہاں بھی ان کے اشعار میں آئے ہیں ان میں ان کا نظریۂ زندگی،

۱۵

وجدان صحیح، اور ذوق سلیم کا پتہ چلتا ہے۔ دیکھئے کہتے ہیں اور کس انداز سے کہتے ہیں ؎

عیش میں اور تصور غم کا — بھول کر یادِ خدا ہو جیسے

رہ گئی دنگ سطوتِ شاہی — بے نیازی اک ایسی ٹھوکر ہے

دونوں غارتگرِ بندگی ہیں — خوابِ جنت، خیال جہنم

اپنی اپنی نگاہ ہے ورنہ — ان کے جلوے کہاں نہیں ہوتے

حاصل کردہ وہ علم بنے جس سے زندگی — جس سے ملے، جہاں سے ملے، جس قدر ملے

ہم کو جس حال میں خدا رکھے — اس کے احسان مند ہوتے ہیں

معین خدا کے فضل سے مسلمان ہیں اور اپنے دل میں ایمان کی روشنی رکھتے ہیں۔ دولت ایمان پر انھیں فخر و ناز ہو تو بیجا نہیں ہے۔ ان کی غزلوں میں ایمانی کیفیت کہیں کہیں نمایاں ہو گئی ہے۔ کہتے ہیں ؎

یوں کثرتِ باطل سے نہ گھبرائیں معین آپ
یہ دولتِ ایماں ہے خدا داد رہے گی

تم سلسلۂ مشق ستم توڑ نہ دینا
بے کیف مرے عشق کی روداد رہے گی

معین کے مجموعۂ کلام "آواز" میں گرچہ غزلیات کا حصہ زیادہ ہے لیکن ان میں تنوع اور رنگارنگی ہے۔ ان کے علاوہ چند نظمیں اور قطعات بھی ہیں۔ چونکہ یہ آواز دل کی گہرائیوں سے نکلی ہے اس لئے اسمیں تاثیر بھی ہے اور جاذبیت بھی، پہلی بار زیور طباعت سے آراستہ ہو کر یہ مجموعہ آپ کے ہاتھوں میں آرہا ہے اس لئے اس کی پذیرائی بھی خاطر خواہ ہونی چاہئے۔ آپ میں سے بہت سے لوگوں نے مشاعروں میں انکی آواز کو سنا ہو گا لیکن اس پر غور و فکر کا موقع نہ ملا ہو گا۔ اب کتابی صورت میں جب آپ اسے سنجیدگی سے پڑھیں گے تو آپ کو اس میں بہت کچھ ملے گا۔ امید ہے ادبی حلقہ میں اس کا شایانِ شان خیر مقدم کیا جائے گا۔

عبدالرحمان پرواز اصلاحی
ریسرچ فیلو، مہاتما گاندھی میموریل ریسرچ انسٹی ٹیوٹ، ممبئی ۹۲

آواز (مجموعہ کلام) معین ادیبی

حرفِ آغاز

ن۔م۔شیخ

یہ "**آواز**" ہے۔ ایک ایسی آواز جو برسوں سے ممبئی اور بیرون ممبئی کے مشاعروں اور علمی، ادبی، مذہبی اور سماجی اجتماعوں میں گونجتی رہی ہے۔ آج بھی گونج رہی ہے اور سننے والوں کی توجہ برابر اپنی طرف مبذول کر رہی ہے۔ اس آواز میں حدیث زندگی بھی ہے، بیان حسن و عشق بھی، درد و سوز بھی ہے کیف و سرور بھی، غم دیروز بھی ہے فکر فردا بھی، دعوت نظر بھی ہے ترغیب عمل بھی۔ یہ آواز تجربات و مشاہدات کی آواز ہے۔ جن سے ہر انسان گذرتا ہے۔ یہ آواز جذبات و احساسات کی آواز ہے جو ہر شخص کے دل میں پیدا ہوتے ہیں۔ لیکن یہ آواز ہر کوئی نہیں سنا سکتا۔ یہ قدرت صرف اس کو حاصل ہوتی ہے جو اسکی صلاحیت رکھتا ہے۔ یہ آواز ابھی اتنی بلند نہیں ہے کہ دوسری تمام آوازوں پر چھا جائے مگر ایسی پست بھی نہیں کہ ان میں گم ہو کر رہ جائے۔ اس آواز میں جو حسن و کیف اور سوز و ساز ہے وہ اس کا اپنا ہے اس لئے یہ اپنا ایک مقام رکھتی ہے اور یہی مقام اس کو اہمیت بخشتا ہے۔

آواز کوئی ہو بہر حال آواز ہی ہوتی ہے لیکن اس کی اہمیت اور کیفیت کا اعتبار متعین ہوتا ہے موقع و محل اور وضع و نوعیت کے لحاظ سے۔ ایک معمولی سی آواز بھی موقع و محل کی مناسبت سے اہم بن جاتی ہے یا اس کی وضع و نوعیت اسے زیادہ اثر انگیز کر دیتی ہے۔ پھر اگر کوئی آواز عام اسلوب سے ہٹ کر شعر کا روپ دھار لیتی ہے تو اس میں کچھ اور ہی کیف و تاثیر پیدا ہو جاتی ہے۔ شعر کلام موزوں ہونے کے باعث اپنے اندر غنائیت رکھتا ہے جو بالطبع مرغوب شئے ہے اس سے نہ صرف ذوق سماعت آسودہ ہوتا ہے بلکہ شوق نغمہ سرائی کی بھی تسکین ہوتی ہے۔

یہ **آواز** جو اب تک فضا میں آوارہ تھی اب آپ کے ہاتھوں کی گرفت میں ہے اور شعر کے

روپ میں ڈھلی ہوئی ہے ۔ یہ اب تک سنی جاتی تھی اب پڑھی جائے گی ۔ پھر سننے اور پڑھنے میں جو فرق ہے کہ ایک برق کی طرح تیز گام ہے اور دوسرا نسیم کی طرح نرم خرام ، وہ اس آواز کی حیثیت و اہمیت کو نمایاں کرے گا ۔

یہ **آواز** معین ادیبی کی آواز ہے ۔

معین الدین معین ادیبی کی پیدائش ایک ایسے گھرانہ میں ہوئی جو مالی حیثیت سے کچھ زیادہ خوشحال نہ تھا کہ تعلیم کی تکمیل کے ذریعہ ان کے مستقبل کو تابناک بناتا یا کاروبار کی فراہمی کے اعتبار سے انھیں حصول معاش کی فکر سے بے نیاز کر دیتا ۔ بمبئی جیسے ہنگامہ پرور شہر میں جہاں ایسے لوگوں کے لئے شام کرنا صبح کا لانا ہے جوئے شیر کا ، معین ۱۲ ر نومبر ۱۹۳۰ء کو پیدا ہوئے ۔ ان کے والد محمد حنیف اگرچہ قلیل آمدنی رکھتے تھے مگر نوشت و خواند سے واقف تھے اس لئے تعلیم کی قدر ، اہمیت اور ضرورت کو خوب سمجھتے تھے ۔ انہوں نے اپنے بیٹے کو میونسپل اسکول میں داخل کر دیا جہاں سے اردو میں فائنل پاس کرنے کے بعد انگریزی کے لئے ہیوم ہائی اسکول میں داخلہ ہوا لیکن آٹھویں جماعت کے بعد سلسلۂ تعلیم جاری رکھنا ممکن نہ تھا لہذا کسب معاش کے لئے نوکری کی تلاش میں نکلنا پڑا ۔ والد کی حیات تک کوئی مستقل ملازمت نہ ملی ان کے انتقال کے بعد پورے خاندان کی پرورش و پرداخت کا بوجھ تمام تر معین کے کاندھوں پر آ گیا مگر وہ کہ " الرزاق ذو القوۃ المتین " ہے اس بوجھ سے ان کی کمر دوہری نہ ہونے دی اور چند ماہ بعد ہی کتب خانہ تاج آفس میں ملازمت مل گئی جس سے وہ آج بھی وابستہ ہیں ۔

ہر چند کہ معین کی پیدائش بمبئی میں ہوئی ہے ان کا آبائی تعلق موضع گوری ضلع اعظم گڈھ سے ہے ۔ غدر کی تباہ کاریوں نے جہاں بہت سے گھرانوں کے جمے ہوئے قدم اکھاڑ دیئے اور وہ اپنے وطن عزیز کو خیر باد کہنے اور ادھر ادھر منتشر ہونے پر مجبور ہوئے ہیں معین کے آباء و اجداد بھی اور لوگوں کے ساتھ جنوب کی طرف چل پڑے اور بمبئی پہنچ کر یہیں مستقل طور پر مقیم ہو گئے ۔

معین کے خاندان کو اس حیثیت سے فضیلت حاصل رہی ہے کہ ان کے دادا عبد العلیم متولی اپنی برادری کے سرگروہ تھے ۔ بڑے صاحب فہم و ذکاء اور مصلح انسان تھے اور بہت عزت کی نظر سے دیکھے جاتے تھے ۔ آپس کے مقامی اور علاقائی جھگڑوں کا فیصلہ اس خوبی اور خوش اسلوبی سے کرتے تھے کہ پولس اور عدالت بھی ان کے فیصلہ کو تسلیم کرتی تھی ۔ پھر یہی نہیں ، نہایت متدیّن اور متقی تھے ۔ ان کا بیشتر وقت

عبادت و ریاضت اور ذکر و مراقبہ میں گذرتا تھا لیکن آخرت میں جنت میں اپنا گھر بنانے سے زیادہ یہیں اس دنیا میں خدائے تعالیٰ کا گھر بنانے کی فکر تھی۔ ان کی اس فکر میں خلوص کارفرما تھا اس لئے رائیگاں نہ گئی اور کماٹی پورہ تیسری گلی کی "مسجد رحمت" کی شکل میں جلوہ گر ہوئی جس کی بنیاد انہی کی ڈالی ہوئی ہے۔

اسی طرح معین کے نانا منشی عبدالرزاق ایک جید عالم اور ولی صفت انسان تھے۔ شعر و شاعری سے بھی شغف رکھتے تھے اور ذاکر تخلص فرماتے تھے۔ دین سے لگاؤ اور طبعی رجحان کی بناء پر نعت اور منقبت کی طرف زیادہ توجہ تھی۔ ان کی لکھی ہوئی "میلاد" ان کی زندگی میں اور اس کے بعد بھی کافی عرصہ تک مقبول و مشہور اور پڑھی جاتی رہی۔ خصوصاً میمن قوم میں اس کا بڑا چرچہ تھا۔

شعر و شاعری کا لطیف ذوق معین کو ان کے والد محمد حنیف سے ورثہ میں ملا ہے۔ ظاہر تخلص کرتے تھے وہ نہ صرف ایک اچھے شاعر تھے بلکہ جذبۂ آزادیٔ وطن سے بھی سرشار تھے۔ کپڑے کے مل میں کام کرتے تھے اس لئے اپنے ہم پیشہ مزدوروں کے درد و غم سے بھی آشنا تھے اور ان کی ترقی و خوشحالی کے لئے جو کچھ کر سکتے تھے کرتے رہتے تھے۔ ان کے کلام میں حریت پسندی اور مزدور ہمدردی کے مضامین پر مشتمل اشعار بھی ملتے ہیں۔ مگر دین کی طرف رغبت اور میلان زیادہ ہونے کی وجہ سے اکثر نعت کہتے تھے جو ان کا پسندیدہ موضوع تھا۔ دست بردِ زمانہ نے ان کا کلام محفوظ نہ رہنے دیا پھر بھی مندرجہ ذیل اشعار سے ان کی شاعرانہ قدرت و صلاحیت اور جذبات و احساسات کا پتہ بخوبی لگ سکتا ہے۔

آزادیٔ وطن کے لئے ان کے دل میں جو لگن اور تڑپ تھی اور تحریک آزادی کو وہ جن نظروں سے دیکھتے تھے ان کا اظہار ان شعروں سے ہوتا ہے۔

آزادی کی تحریک کو رسوا نہ کریں گے — جانباز وطن ہیں کبھی ایسا نہ کریں گے
مرنے کو بھی میدان عمل چاہئے ہم کو — بستر پہ پڑے ایڑیاں رگڑا نہ کریں گے

جیسا کہ اوپر کہا گیا ہے نعت سے انھیں شغف تھا اور یہ ان کا پسندیدہ موضوع تھا۔ اس کا اندازہ ان اشعار سے ہو سکتا ہے۔

امید ہے انشاء اللہ ہم امسال مدینہ دیکھیں گے
جو رب سے ملا دے بندے کو وہ آخری زینہ دیکھیں گے

اجازت مل گئی جنت میں جانے کی نہیں جاتا

نہ جانے چاہتا کیا ہے یہ دیوانہ محمدؐ کا

حقیقت یہ ہے کہ گھر کا ماحول انسان کی ذہنی تربیت، فکری رجحانات اور اخلاق و عادات کی تشکیل میں بڑا دخل رکھتا ہے اور وراثت کے اثرات اس کے رگ و ریشہ کی گہرائیوں میں جاری و ساری ہوتے ہیں۔ یہ وہ بنیادی چیزیں ہیں جن سے شخصیت کی تعمیر اور کردار کی تعیین ہوتی ہے۔ معین میں ان کے اب وجد کی فکری اور عملی جھلک موجود ہے۔ شاعری سے انھیں خلقی لگاؤ ہے اور دینی رجحانات نے انھیں نہ صرف صوم و صلوٰۃ کا پابند بلکہ قناعت پسند بنا دیا ہے اور اپنی انھیں خوبیوں کی وجہ سے وہ ہر طبقہ اور ہر حلقہ میں محبوب و مقبول ہیں۔

بمبئی میں "بزم خیال" کا وجود اردو شعر و شاعری کے لئے تاریخ ساز وجود تھا۔ اس کے مشاعرے نہایت شستہ و رفتہ ہوتے تھے اور یہاں کے تقریباً تمام اچھے اور قابل ذکر شعراء ان میں شرکت کرتے تھے۔ معین میں شاعری کا جو فطری ملکہ تھا ان مشاعروں نے اسے ابھارا اور وہ شعر گوئی کی طرف متوجہ ہوئے۔ ایک عرصہ تک بغیر کسی استاد کی رہنمائی کے مشق سخن جاری رہی آخر ۱۹۵۰ء میں شاعر حیات ادیبؔ مالیگانوی کے چند شاگردوں کے ایماء پر ان کے زمرۂ تلامذہ میں شامل ہو گئے اور معین اعظمیؔ کی بجائے معین ادیبی کہلانے لگے۔

معین کی زندگی کا یہ مختصر ساخاکہ ہے۔

موجودہ دور میں زندگی کی کشاکش اور تگ و دو نے آدمی کے انہماکات و مصروفیات کو کچھ اس قدر بڑھا دیا ہے کہ اسے فرصت کا وقت نکالنا مشکل ہو گیا ہے مگر زندگی محض جسم و روح کے اتصال کو قائم رکھنے ہی کا نام تو نہیں کہ اسی کے لئے وقف ہو کر رہ جایا جائے۔ اصل زندگی تسکین ذوق کے لئے وہ کچھ کرنا بھی ہے جس کی خداداد صلاحیت لیکر انسان اس دنیا میں آتا ہے۔ ہوش سنبھالتے ہی معین کو جن حالات سے دوچار ہونا پڑا عین ممکن تھا کہ وہ اس کے آگے ہتھیار ڈال دیتے اور ہار مان کر بیٹھ رہتے یا اور کوئی راہ فرار اختیار کر لیتے۔ لیکن یہ خود شکنی ہوتی جو ان کے مزاج و سرشت کے خلاف تھی۔ انہوں نے خود شکنی گوارہ نہیں کی بلکہ اس کی بجائے خودگری اور خودنگری شیوہ اختیار کیا۔ پھر ہر چند کہ خود زندہ رہنے اور اپنے افراد خاندان کو زندہ رکھنے کے لئے انھیں ضرورت سے

زیادہ جد و جہد اور کدو کاوش کرنا پڑی اور کرنا پڑ رہی ہے مگر وہ انھیں کے ہو کر نہیں رہ گئے بلکہ انہوں نے اپنے ذوق کی تسکین کے لئے شاعری کی طرف بھی توجہ دی اور اگر وہ ایسا نہ کرتے تو اپنے آپ پر بڑا ظلم کرتے۔

شاعری معین کا فن ہے اور فن کی حیثیت سے انھوں نے اسکی عظمت کو ہمیشہ قائم رکھا۔ پھر جس طرح وہ ہر شخص اور ہر چیز سے خلوص رکھتے ہیں اسی طرح انھیں اپنے فن سے بھی خلوص ہے۔ عام مشاعروں کے علاوہ وہ بمبئی اور بیرون بمبئی کے آل انڈیا اور انڈو پاک مشاعروں میں شرکت کرتے رہے ہیں لیکن اپنے فن کو پیشہ نہیں بنایا۔

معین کی شاعری ہرچند کہ "جدید شاعری" نہیں۔ اس کا اسلوب اور آہنگ وہی قدیم اور روایتی ہے لیکن ندرتِ فکر اور جودتِ تخئیل نے اس میں جو محاسن اور خوبیاں پیدا کر دی ہیں وہ اسے دلکش توجہ طلب اور قابلِ مطالعہ بنا دیتی ہیں۔ شاعری نام ہے الفاظ کے ذریعہ داخلی احساسات و جذبات کی ترجمانی کا جو خارجی تجربات و مشاہدات سے ذہن و قلب میں پیدا ہوتے ہیں۔ شاعر انھیں اپنی فکر و تخئیل کی آنچ میں تپا کر شاعرانہ صنعت گری کے ساتھ شعر کی صورت میں ڈھال دیتا ہے۔ معین کی شاعری میں فکر و تخئیل کی حرارت اور شاعرانہ صنعت گری کی مہارت دونوں چیزیں ملتی ہیں۔

فن وہ لطیف شئے ہے جو انسان کے قلب و دماغ کی گہرائیوں میں مضمر ہوتا ہے۔ مجرد ہوتا ہے اور اپنے اظہار کے لئے وسیلہ چاہتا ہے۔ شاعری فن ہے شعر گوئی اس کا وسیلۂ اظہار۔ شاعری اور شعر گوئی ایک ہی چیز نہیں دو علیحدہ چیزیں ہیں۔ ایک مقصود دوسری ذریعہ۔ پھر جس طرح مقصود ذریعہ نہیں ہو سکتا اسی طرح ذریعہ کو مقصود نہیں کہا جا سکتا۔ شاعری فن کے اعتبار سے خالص "وہبی" شئے ہے جو "تا نہ بخشند خدائے بخشندہ" حاصل نہیں ہوتی۔ شعر گوئی ہنر ہے' اس حیثیت سے یکسر "اکتسابی" چیز جو مشق و مزاولت سے اس درجۂ کمال تک پہنچائی جا سکتی ہے کہ اس پر فن کا دھوکا ہونے لگتا ہے۔ ہر کوئی شاعر نہیں ہو سکتا۔ شعر گو کوئی بھی ہو سکتا ہے۔

معین کی شاعرانہ صلاحیت سے انکار نہیں کیا جا سکتا۔ وہ شاعر پہلے ہیں شعر گو بعد میں اور ان کا مجموعۂ کلام (آواز) ان کی شاعری (فن) اور شعر گوئی (ہنر) کا حسین امتزاج اور خوبصورت مرقع ہے۔

حمد

خلّاقِ جہاں ربِّ عُلا کہتا ہوں!
معلوم ہے سب کچھ تجھے کیا کہتا ہوں
ہے ایک عقیدہ مرا اِک اُسکا ثبوت
دیکھا نہیں آنکھوں سے خدا کہتا ہوں!

○

۲۲

نعت پاک

نسبت ہے ہمیں گنبدِ خضرا کے مکیں سے
ہم آنکھ مِلا سکتے ہیں جبریلِ امیں سے

دامن میں سمیٹے ہوئے نورِ مہہ و انجم
اڑتا ہے ہر اک ذرّہ مدینے کی زمیں سے

گہوارۂ راحت ہے مدینہ میرے دِل کا
مِلتی ہے دوا دردِ محبّت کی یہیں سے

پھیلی ہوئی تنویر ہے سرکارِ جہاں کی
جِس سمت بھی دیکھو نگہِ حسنِ یقیں سے

ہے باعثِ تخلیقِ جہاں جس کی تجلّی
نِکلا ہے وہی نورِ محمد کی جبیں سے

ہو لب پہ میرے ذکرِ خدا، ذکرِ محمد
ایسے میں چلی آئے میری موت کہیں سے

دراصل وہ شاعر ہے معین اپنی نظر میں
مِل جائے جسے دادِ سخن سرورِ دیں سے

○

آواز (مجموعہ کلام) معین ادیبی

○

ذہنِ شاعر میں گونجتی آواز
درحقیقت ہے وقت کی آواز

لب پہ بکھری بہ صورتِ نغمہ
جب تڑپ دل کی بن گئی آواز

اَب بھی ٹکرا رہی ہے کانوں سے
ایک مہوش کی مدھ بھری آواز

کون! جانے پکارتا ہے مجھے
رہ روؤ تم نے بھی سنی آواز

گرم جن کا لہو ہے ان کے لئے
خامشی موت زندگی آواز

جاگ اُٹھے خفتگانِ راہِ حیات
گونجی کچھ اس طرح مری آواز

لگ رہی ہے یہ ٹوٹے دل کی صدا
آئینے کے شکست کی آواز

اے تصور یہ کیا کرشمہ ہے
ہوبہو وہ ہیں اور وہی آواز

سنگِ میلِ رہِ طلب ہیں معینؔ
میرے افکار اور مری آواز

۲۴

○

آتش و گل کا ملن ہو تو غزل ہوتی ہے
عشق موضوعِ سخن ہو تو غزل ہوتی ہے

صرف احساسِ مسرت ہی نہیں باعثِ فکر
نشترِ غم کی چبھن ہو تو غزل ہوتی ہے

لبِ اظہار پہ پہرے ہیں سکوتِ غم کے
جام میں مئے کی کرن ہو تو غزل ہوتی ہے

چاند ہو چھاؤں میں تاروں کی سرِ بزمِ خیال
فکر نوخیز دلہن ہو تو غزل ہوتی ہے

دسترس سے ہے بہت دور ستاروں کا جہاں
دل میں تم جلوہ فگن ہو تو غزل ہوتی ہے

اُن کے ہونٹوں کا تبسم ہے مرا حسنِ خیال
اُن کے ماتھے پہ شکن ہو تو غزل ہوتی ہے

یوں خمِ کاکلِ جاناں میں نہ اُلجھو اے معین
طے رہِ دار و رسن ہو تو غزل ہوتی ہے

○

زلف انکی کھلی، دوش تک رہ گئی!
بھینی بھینی فضا میں مہک رہ گئی

پردہ اُٹھا، اڑے ہوش، ایمن جلا
اِک تجلی زمیں تا فلک رہ گئی

پینے والے نگاہوں سے پیتے رہے
گونجتی ساغروں کی کھنک رہ گئی

بن گئی تارِ دامن پر اِک کہکشاں
کتنے موتی پرو کر پلک رہ گئی

رات رخصت ہوئی چاند تارے بجھے
دل کے داغوں میں لیکن چمک رہ گئی

کھینچ کر آپ نے کیوں کماں چھوڑ دی
داستاں صرف تمہید تک رہ گئی

قتل کرتے رہے تیرا اخلاص کے
مصلحت کی کماں میں لچک رہ گئی

لو بھری بزم میں بات کہدی کھری
جانے کتنے دلوں میں کھٹک رہ گئی

اپنی آنکھوں سے رولا گئے ہم جنہیں
بس انہیں موتیوں میں چمک رہ گئی

رکھدئے اس نے لب ہائے شیریں معینؔ
زخم کو جستجوئے نمک رہ گئی!

○

مزاجِ حسن میں اب برہمی معلوم ہوتی ہے
مجھے نبضِ تمنا ڈوبتی معلوم ہوتی ہے

یہ کون آیا جہانِ آرزو میں پھول برساتا
جہاں تک دیکھتا ہوں زندگی معلوم ہوتی ہے

ابھی جیسے کہ بول اُٹھیگی مجھسے حالِ دل اپنا
تیری تصویر جیتی جاگتی معلوم ہوتی ہے

کوئی لوٹے لئے جاتا ہے سارا حُسن گلشن کا
چمن والوں میں کتنی بے حسی معلوم ہوتی ہے

یہی دنیا کبھی میرے لئے آنکھیں بچھاتی تھی
یہی دنیا مگر اب اجنبی معلوم ہوتی ہے

کبھی یہ بات تم نے آئینے سے پوچھ لی ہوتی
تمہارے حسن میں کیوں دلکشی معلوم ہوتی ہے

معینؔ ان کی کمی شدت سے مجھکو خلوتِ غم میں
کبھی محسوس ہوتی ہے، کبھی معلوم ہوتی ہے

۲۷

○

کیا کمی کی ہے بہاروں کی پذیرائی میں
خون تک ہم نے دیا ہے چمن آرائی میں

آنسوؤں سے تجھے اندازۂ غم کیا ہوگا
دیکھنے والے اُتر قلب کی گہرائی میں

کیفیت سجدۂ پرشوق کی کیا تجھ سے کہوں
کاٹ دی عمر ترے در کی جبیں سائی میں

حُسن تشہیرِ محبت کا سبب ہے لیکن!
عشق پروان چڑھا کرتا ہے رُسوائی میں

ڈھونڈنے والے مری ذات میں نت عیب و قصور
اِک نظر اپنے بھی کردار پہ تنہائی میں

اِک نگاہِ غلط انداز بھی مجھ پر نہ ہوئی
ایسے مصروف رہے آپ خود آرائی میں

کیسے کہہ دوں کہ اُنہیں مجھ سے محبت ہے معینؔ
وقت لگتا ہے مزاجوں کی شناسائی میں

○

ذرا سی جان پہ صدمے اٹھاتے ہیں کیا کیا
سلوکِ اہلِ کرم یاد آئے ہیں کیا کیا

میں ہر مقامِ تحیّر سے ہو کے گذرا ہوں
جنوں نے حوصلے دل کے بڑھائے ہیں کیا کیا

پہنچ گیا ہے کہاں تک مذاقِ اہلِ خرد
حقیقتوں کے فسانے بنائے ہیں کیا کیا

کہیں پہ دار کہیں پر صلیب کی صورت
عروج ہم نے محبت میں پائے ہیں کیا کیا

خود اعتمادی بڑے کام آئی ورنہ معینؔ
رہِ طلب میں قدم ڈگمگاتے ہیں کیا کیا

○

مستقل اب خلشِ قلب کا ساماں ہونا
ناوکِ عشق کا پیوستِ رگِ جاں ہونا

زخم کے پھولوں نے مہکا دیا گلزارِ حیات
دیکھئے میرا جوابِ غمِ دوراں ہونا

ایک طوفاں کی خبر دیتا ہے دریا کا سکوت
لیکن آساں نہیں اندازۂ طوفاں ہونا

کوئی پہلو میری بخشش کا تو نکلا سرِ حشر
حق بجانب تھا گناہوں پہ پشیماں ہونا

چاہئے خلق و محبت بھی مروّت بھی معینؔ
چار عناصر ہی کا ملنا نہیں انساں ہونا

آواز (مجموعہ کلام) معین ادیبی

۳۰

○

حقیقت رازِ اُلفت کی بھلا انسان کیا جانے
تعلق شمع و پروانہ کا کیا ہے کون پہچانے

بہار آئی چمن میں یا جنوں نے لی ہے انگڑائی
گریباں چاک گلشن میں یہ کیوں پھرتے ہیں دیوانے

گرے ہیں میرے دامن پر کچھ اس انداز سے آنسو
بکھر جاتے ہیں جیسے ٹوٹ کر تسبیح کے دانے

رموزِ بے خودی سے اہلِ دانش کب ہوئے واقف
یہ دیوانوں کی باتیں ہیں اسے سمجھیں گے دیوانے

معینؔ افسانۂ ماضی کو دہراتا رہوں کب تک
مجھے درسِ حیاتِ نو دیا اُمیدِ فردا نے

۳۱

○

اُنس رکھتی ہے یقیناً تیرے دیوانے سے
چاندنی یونہی نہیں کھیلتی ویرانے سے

کون! کس کے لئے برباد محبت میں ہُوا
یہ حقیقت بھی جھلکتی رہی افسانے سے

بے خودی ہو تو عبادت کا مزہ آتا ہے
آؤ! ہو آئیں ذرا دیر کو میخانے سے

پچھلی یادوں کو بھلانا کوئی آسان نہیں
تم سمجھتے ہو بہل جائینگے بہلانے سے

آئینہ لے کے کبھی غور تو فرمائیے آپ
حُسن کیوں اتنا نکھر اُٹھتا ہے شرمانے سے

دل کے زخموں کو جو بھر پائے تو کچھ بات بنے
اہلِ گلشن کو خوشی کیوں ہو بہار آنے سے

خیر خواہانِ چمن ایسے بھی دیکھے ہیں معینؔ
خوش ہوا کرتے ہیں جو پھول کے مرجھانے سے

۳۲

○

غرورِ حسن کی آنکھوں میں بجلیاں لیکر
مزاج پوچھتے ہیں دل میں چٹکیاں لیکر

سلوکِ اہلِ چمن ناگوار ہے لیکن!
چمن سے جائیں کہاں اپنا آشیاں لیکر

نہ پاسکیں گے محبت کی وسعتوں کو کبھی
بڑھے جو ہاتھ تعصب کی برچھیاں لیکر

تمام وسعتِ عالم پہ چھائے جاتے ہیں
ہم اپنے جیب و گریباں کی دھجیاں لیکر

خدا کرے کہ نہ آئے کوئی بری ساعت
میرے جہانِ مسرت میں تلخیاں لیکر

نکھارتے ہیں رُخِ زندگی کو اپنے معینؔ
کسی کے جلوۂ رنگیں کی جھلکیاں لیکر

○

وہیں سے ہوں گے مرتب جنوں کے افسانے
جہاں خودی میں نہ انسان خود کو پہچانے

اَب اعتمادِ تعلق کریں تو کِس پہ کریں
فریب اِتنے دِیئے ہیں کچھ اہلِ دنیا نے

ابھی سے ہوش و خرد پہ ہے کیوں نشہ طاری
ابھی تو ہونٹوں تک آئے نہیں ہیں افسانے

وہ اِک نگاہ جو مخمور کر گئی دِل کو !!
اُس اِک نگاہ کی مستی شراب کیا جانے

میں کھو گیا تھا کسی کے حَسیں تصوّر میں
کہاں سے آ گئی فکرِ حیات چونکانے

نشانِ منزلِ مقصود سامنے ہے میرے
میری بلند نگاہی کو کوئی کیا جانے

معینؔ رسمِ وفا خود ہی جب نبھا نہ سکے
کہاں چلے ہو کسی غیر کو تم اَپنانے

○

بیگانہ جو بنتے ہیں وہ یہ جان رہے ہیں
کیوں خواب تمنا کے پریشان رہے ہیں

زلفوں کی گھنی چھاؤں میں ہم رہ کے ہمیشہ
تقدیسِ محبت کے نگہبان رہے ہیں

یا یہ کہ ترستے ہیں تری چشمِ کرم کو
یا دل کا تیرے ہم بھی ارمان رہے ہیں

قربان اس اندازِ تغافل پہ دل و جاں
سرکار کے یوں تو بڑے احسان رہے ہیں

اِک تیری محبت ہی نہیں زیست کا حاصل
کچھ اور تقاضے بھی میری جان رہے ہیں

تصویر کے دو رخ کبھی دیکھے نہیں جاتے
دنیا کو تمہیں جان کے پہچان رہے ہیں

۳۵

اس اہلِ جفا کا مجھے کچھ پاسِ وفا تھا
ورنہ میری آنکھوں میں بھی طوفان رہے ہیں

آئینے میں اپنی ہی نظر آتی ہے صورت
وہ کیوں میری باتوں کا بُرا مان رہے ہیں

آسان نہیں اس کی حقیقت کو سمجھنا
خود اپنی حقیقت سے ہم انجان رہے ہیں

پابندِ عمل ہوتی نہیں جن کی کوئی بات
کیا کہتے وہی وقت کے سلطان رہے ہیں

جو نذرِ ہوس کردیں معینؔ اپنا ضمیر آپ
ہر دَور میں اس ظرف کے اِنسان رہے ہیں

○

رُباعی

جانبازوں کے احوال پڑھے جاتا ہے　　افکار و مصائب سے بھی گھبراتا ہے
کیا! وقت کے طوفان سے ٹکرائے گا　　جو اپنی ہی پرچھائیں سے ڈر جاتا ہے

○

تقدیر کا شاکی ہے، تدبیر سے نالاں ہے
اندیشۂ ناکامی ہمت کشِ انساں ہے

یہ ظرف شناسی بھی قدرت ہی کا احساں ہے
"قطرہ میں سمندر ہے ذرّہ میں بیاباں ہے"

ہر خوابِ تمنا کی تعبیر پریشاں ہے
دل ہے مرے پہلو میں یا جنتِ ویراں ہے

تھرّاتا ہوا کوئی آنسو سرِ مژگاں ہے
یا جیسے لبِ چشمہ قندیل فروزاں ہے

بس آئے مسرت کیوں، اس آئے تو کیا آئے
افکار کی زنجیریں حالات کا زنداں ہے

اب شدتِ غم کا بھی احساس نہیں ہوتا
اے جوشِ جنوں تیرا یہ کارِ نمایاں ہے

پھر یاد معینؔ آیا وہ جانِ غزل مجھ کو
احساسِ مسرت سے دل میرا غزلخواں ہے

۳۷

○

احتیاطاً بھی نظر اُن سے ملائی نہ گئی
اتنی مجبورِ محبت کبھی پائی نہ گئی

تبصرہ کرتے رہے روز زمانے والے
میری وحشت حدِ ادراک میں لائی نہ گئی

دیکھ کر ایک اچٹتی سی تجلّی کا اثر
پھر سرِ طور کوئی شمع جلائی نہ گئی

پھر براہیم کا جذبہ لئے اٹھے گا کوئی
بت پرستی کی اگر رسم مٹائی نہ گئی !

یہ حقیقت ہے کہ میں خود کو بھلا بیٹھا ہوں
یہ بھی سچ ہے کہ تری یاد بھلائی نہ گئی

بے نقابیٔ رُخِ دوست کا صدقہ ہے معینؔ
چاندنی اتنی حسیں تو کبھی پائی نہ گئی !

۳۸

○

بھُولے سے میرا نام کسی نے لیا کہ بس
ہنگامہ انجمن میں وہ برپا ہوا کہ بس

ایسا فریبِ عشق کسی نے دیا کہ بس
یوں دل سے اعتمادِ وفا اُٹھ گیا کہ بس

رِندوں نے آسمان کو سر پر اُٹھا لیا
اُٹھی وہ جھوم جھوم کے کالی گھٹا کہ بس

اُبھریں کچھ اہلِ بزم کے ماتھے پہ سلوٹیں!
وہ دستِ خاص میری طرف کیا بڑھا کہ بس

کیا اتنی دردناک تھی رُودادِ غم میری
دِل تھام کر تمہیں بھی یہ کہنا پڑا کہ بس

۳۹

یاد آ گئے ہیں آپ کی زلفوں کے بل ہمیں
تقدیر نے کچھ ایسا پریشاں کیا کہ بس

کیوں تم نے ہاتھ مشقِ ستم سے اُٹھا لیا
ہے اور کوئی پیکرِ صبر و رضا کہ بس

وہ عرضِ مدعا کو شکایت سمجھ نہ لیں
یہ سوچ کر میں اور نہ کچھ کہہ سکا کہ بس

دنیا ہی اس کے واسطے تاریک ہو گئی
ایسا کوئی معینؔ سے رُوٹھا رہا کہ بس

آواز (مجموعہ کلام) معین ادیبی

○

حسن یوں بے نقاب کس دن تھا
عشق ممنونِ خواب کس دِن تھا

پیکرِ اضطراب کس دن تھا!
دردِ دل کامیاب کس دن تھا

ہاں تمہاری نگاہ سے پہلے
زیست میں اِنقلاب کس دن تھا

مصحفِ عشق کر دیا تم نے
دل تمہاری کتاب کس دن تھا

آئینے کا غرور ہے تم سے
آئینہ لاجواب کس دن تھا

ایک اِک پل ہے یاد ماضی کا
وقت اِتنا خراب کس دن تھا

مطلعِ میکدہ پہ میرے بعد
دوسرا آفتاب کس دن تھا

رحمتوں کو شمار کیا کرتے
لغزشوں کا حساب کس دن تھا

آپ کو دیکھتے ہی کھل اُٹھا
اپنا چہرہ گلاب کس دن تھا

آپ کہتے ہیں تو ہمیں تسلیم!
ورنہ کانٹا گلاب کس دن تھا

فیضِ چشمِ اَدیب کے صدقے
شاعری پر شباب کس دن تھا

رنگِ بزمِ سخن معین کبھی
اسقدر کامیاب کس دن تھا

۴۱

○

راحت میں کون تھا جو مرا ہمنوا نہ تھا
کلفت میں دور دور کسی کا پتہ نہ تھا

ہر چند اُن کا میرا کوئی واسطہ نہ تھا
دل فطرتاً کسی سے کسی کا جُدا نہ تھا

اُن کی طرف بھی اٹھتیں سرِ بزم انگلیاں
اچھا ہوا کہ کوئی ہمیں جانتا نہ تھا

اُن کی نظر سے چھپ نہ سکا حالِ دل مرا
کیسے کہوں کہ کوئی مزاج آشنا نہ تھا

تم مسکرا رہے ہو مرے حالِ زار پر
اتنا لطیف طنز کسی نے کیا نہ تھا

اس رحمتِ تمام کا شکوہ میں کیا کروں
اِخلاص سے اُٹھا ہوا دستِ دعا نہ تھا

حاصل مجھے تھے لاکھ وسیلے مگر معینؔ
اللہ کے سوا کوئی حاجت روا نہ تھا

۴۲

○

اپنے ہمراہ لئے لوح و قلم آتے ہیں
جب تری بارگہِ عشق میں ہم آتے ہیں

یہ مرا ذوقِ تجسس یہ مرا شوقِ طلب
ماہ و انجم بھی میرے زیرِ قدم آتے ہیں

کوئی ماضی کے دریچوں سے صدا دیتا ہے
یاد اکثر مجھے بھولے ہوئے غم آتے ہیں

رخ کسی سمت بھی ہو گردشِ دوراں کا مگر
لوٹ کر اپنی طرف تیرِ ستم آتے ہیں

ناخداؤں نے یہی کہہ کے اُسے غرق کیا
ڈوبنے والے نہ گھبرا ابھی ہم آتے ہیں

اپنی منزل پہ پہنچ بھی گئے اربابِ جنوں
ہائے وہ لوگ جو ایک ایک قدم آتے ہیں

ڈھونڈنے آپ چلے ہیں کسی انساں کو معینؔ
آدمی بھی نظر اِس دور میں کم آتے ہیں

۴۳

○

سرِ مظلوم کو نیزے پہ چڑھا لے کوئی
اور سرکار سے انعامِ وفا لے کوئی

اپنے پیروں کا لہو یوں بھی اُچھالے کوئی
پتھروں کو گل و گلزار بنا لے کوئی

اِتنا مجبور بنا لیتے ہیں حالات اسے
آپ ہو جاتا ہے طوفاں کے حوالے کوئی

ہم تو عادی ہیں ضرورت لئے چلتی ہے ہمیں
پا برہنہ ذرا اس دھوپ میں آ لے کوئی

پھول ارمانوں کے آنکھوں میں لئے ہوں کب سے
اپنی انگڑائی کی محراب سجا لے کوئی

۴۴

○

زندگی اِک نقشِ عبرت ہو گئی
موت جب زندہ حقیقت ہو گئی

حادثہ کہیے کہ حسنِ اتفاق!
آنکھ ملتے ہی محبت ہو گئی

پھیر لو تم اپنی چشمِ التفات
بے قراری وجہِ راحت ہو گئی

نقشِ پائے دوست اور میری جبیں
ذرّے ذرّے سے عقیدت ہو گئی

دل کے ہاتھوں یوں ہوئے برباد ہم
دیکھنے والوں کو عبرت ہو گئی

اللہ اللہ جذبۂ بے اختیار
آپ سے مجھ کو محبت ہو گئی

ان کی مست آنکھوں کا صدقہ ہے معینؔ
بادہ نوشی میری عادت ہو گئی

۴۵

○

ہوش کی حد سے بڑھے خوابِ گراں تک پہنچے
اے جنوں پوچھ نہ ہم سے کہ کہاں تک پہنچے

خونِ ملّت سے چلے، خونِ زباں تک پہنچے
اہلِ مشرق بھی تو مغرب کے نشاں تک پہنچے

بزمِ گیتی سے بڑھے کون و مکاں تک پہنچے
کوئی ایسی بھی صدا ہے جو یہاں تک پہنچے

بڑھ کے روکا ہمیں احساسِ خودی نے ورنہ
سر جھکانے کو تو ہم سنگِ بتاں تک پہنچے

آنسوؤں سے نہیں ہوتا کبھی اندازۂ غم
چشمِ نقّاد ذرا رازِ نہاں تک پہنچے

ہائے وہ اشک جو انعامِ محبت تھے معینؔ
بہہ کے آنکھوں سے میری جانے کہاں تک پہنچے

۴۶

○

بِک گئے بازار میں آذر کے صنم بھی
ان ہاتھوں سے ہوتی گئی تعمیرِ حرم بھی

ہیں قافلے والوں کے لئے کتنے غنیمت
ہم راہ میں چھوڑ آئے ہیں جو نقشِ قدم بھی

ہستی کے خد و خال بناتے بھی تو کیوں کر
ہم سے نہ نکالے گئے اس زلف کے خم بھی

آنکھیں نہیں جو کیفیتِ غم کو سمجھ لیں
حالات کی منہ بولتی تصویر ہیں ہم بھی !

پڑ جائے کب اس دور میں کس شے کی ضرورت
اچھا ہے رہے پاس میں تریاق بھی سم بھی

لگتی ہے معینؔ اپنی غزل گلشنِ افکار ! !
کاغذ پہ وہ گلکاریاں کرتا ہے قلم بھی

○

حیات افروز نکلی اور محبت آفریں نکلی
کچھ اتنی آرزوئے دوست شہ رگ کے قریں نکلی

یہ کیسی یوسفستانِ محبت میں بہار آئی
تماشائی جنوں نکلا تماشا آستیں نکلی

سمجھ کر نقشِ پا تیرا کہاں لوگوں نے سر رکھا
مگر میری جبیں میری جبیں، میری جبیں نکلی

سمٹ کر کائیناتِ دل محل کر حاصلِ ہستی
تمہاری یاد تم سے بھی زیادہ نازنیں نکلی

ابھی تم نے ارادہ ہی کیا تھا ترکِ الفت کا
ہوا محسوس مجھ کو میرے قدموں سے زمیں نکلی

چلا ہے کاتبِ تقدیر کی یہ عیب جوئی کو
سرشتِ نوعِ انسانی کہاں تک نکتہ چیں نکلی

بجا ہے ناز تم کو اے معین اپنے مقدر پر
تمہاری یاد ان کے خانۂ دل میں مکیں نکلی

۴۸

○

یاس اُمید نما ہو جیسے — چاند بدلی میں چھپا ہو جیسے

تجھ سے کافر کا مسلماں ہونا — دشت میں پھول کِھلا ہو جیسے

نقش بر آب بنانے والا — خواب میں کھیل رہا ہو جیسے

طنز آمیز یہ لہجہ تیرا — زہر میں تیر بُجھا ہو جیسے

عیش میں اور تصورِ غم کا — بھول کر یادِ خُدا ہو جیسے

لکھ کے قرطاس پہ اشعار معینؔ
آئینہ دیکھ رہا ہو جیسے

۴۹

دل کی دُعا محروم اثر سے　　چشمِ تمنّا دید کو ترسے
جلوے تمہارے دُور رہیں گے　　کب تک یوں آغوشِ نظر سے
صحرا صحرا گلشن گلشن　　گذرے ہم ہر راہ گذر سے
ہائے کوئی اظہارِ تمنّا　　کر نہ سکا رسوائی کے ڈر سے
دیکھو نہ تم رنگینیِ دامن !　　خون گرا ہے دیدۂ تر سے
ہاتھ میں جام آغوش میں وہ ہیں　　برسے گھٹا اب جھوم کے برسے

بڑھنے لگے پھر شام کے سائے
دیکھ معینؔ آغازِ سحر سے

○

سامنے تھا وہ حُسنِ مجسّم ! ایک تازہ غزل کہہ گئے ہم
لاکھ ہم سے رہیں آپ برہم دل سے لیکن محبّت نہ ہو کم
ایک صبر و تحمّل کا عالم لوگ کہتے ہیں جس کو شبِ غم
جیسے جیسے گری رات شبنم اور بھڑکا کیا شعلۂ غم
کچھ پردے میں میری ہنسی کے پرورش پا رہا ہے ترا غم
دونوں غارت گرِ بندگی ہیں خوابِ جنّت، خیالِ جہنّم
خاک اُڑائے زمانہ کہاں تک آفتابِ وفا بن گئے ہم

یہ معینؔ اپنا اقبال ہی تھا
اُن کی سانسوں میں رچ بس گئے ہم

۵۱

○

کرم دیکھتے ہیں، سِتم دیکھتے ہیں
محبت میں کیا کیا نہ ہم دیکھتے ہیں

کہاں اَب وہ انوارِ صبحِ تمنّا
کہ تاریکئ شامِ غم دیکھتے ہیں

تغافل کسی کا توجہ سے بڑھ کر
عجب یہ بھی طرزِ سِتم دیکھتے ہیں

نہ کھل جائے محفل پہ رازِ محبّت
ہماری طرف یوں وہ کم دیکھتے ہیں

اِشارے، کنائے، تبسّم، ترنّم
محبّت کے انداز ہم دیکھتے ہیں

بڑھا دیتے ہیں پیار سے اَپنا آنچل!
وہ جب میری پلکوں کو نم دیکھتے ہیں

معیؔن اہلِ محفل کی نظریں بچا کر
وہ ہم کو کبھی، ان کو ہم دیکھتے ہیں

ہنسے تھے وہ میری دیوانگی پر
ہنسی آتی مجھے اُن کی ہنسی پر

عبث ہے تبصرہ دِل کی لگی پر
جنوں کو فوقیت دو آگہی پر

جہاں کو بدگمانی ہو رہی ہے
تمہارے گیسوؤں کی برہمی پر

یہ کاجل کی لکیریں کہہ رہی ہیں
اندھیرا چھا رہا ہے چاندنی پر

مشیّت چپکے چپکے ہنس رہی تھی
ازل کے دِن گناہِ آدمی پر

غم اپنا بھول جاتا ہوں میں اکثر
مصیبت دیکھتا ہوں جب کسی پر

دو عالم وجد میں آجائیں جس سے
وہ نغمہ چھیڑ سازِ بیخودی پر

مُعینؔ خستہ تن کو یوں نہ دیکھو
نظر پڑتی ہو جیسے اجنبی پر!

۵۳

○

ہوئی ہے ابتدا غم کی یہاں سے
نظر آتے ہیں وہ کچھ بدگماں سے

گذرتے جا رہے ہیں اِمتحاں سے
مگر اُف تک نہیں کرتے زباں سے

وہ افسانے حرم کی جان جو تھے
اُلجھ کر رہ گئے زلفِ بتاں سے

کہاں ہے یہ کششِ دیر و حرم میں
جبیں اٹھتی نہیں ہے آستاں سے

کہاں جائینگے پھر کوئی بتلائے
گذر کر ہم فرازِ آسماں سے

خلوصِ بندگی سے دل ہے خالی
دعاؤں میں اثر آئے کہاں سے

ہوئی پوری عبارت حسنِ غم کی
ہماری نامکمل داستاں سے

محبت بھی بہ اندازِ شکایت
ٹپکتی ہے نگاہِ بدگماں سے

مُعیّن اہلِ قفس تک آنچ پہنچی
اُٹھے ہیں جب بھی شعلے آشیاں سے

۵۴

○

جو رعونت پسند ہوتے ہیں
وہ کہاں سربلند ہوتے ہیں

دل میں بغض وعنا دلب پہ دعا
ایسے بھی دردمند ہوتے ہیں

کام آتے ہیں جو کسی کے لئے
خلق میں ارجمند ہوتے ہیں

قہقہہ زن ہو جن پہ نادانی
ایسے بھی عقلمند ہوتے ہیں

ہم کو جس حال میں خدا رکھے
اس کے احسانمند ہوتے ہیں

کام آجائیں وقت پر جو معین
ایسے احباب چند ہوتے ہیں

۵۵

○

کوئی سمجھے نگاہِ بے زباں کو
چھپائے ہے خموشی داستاں کو

سمجھتا ہوں جوابِ عرضِ مطلب
نہ دو تکلیف تم اپنی زباں کو

بنایا ہے حریفِ دیر و کعبہ
میرے سجدوں نے تیرے آستاں کو

اُڑا جاتا ہے شاہینِ تخیّل
میں چھوتا جا رہا ہوں آسماں کو

یہ اندازِ تبسّم کہہ رہا ہے
سمجھتے ہو محبت کی زباں کو

بہت بے کیف بزمِ رنگ و بُو ہے
تم اپنا حسن دیدو گلستاں کو

کوئی کہدے یہ اہلِ کارواں سے
پرکھ لیں پہلے میرِ کارواں کو

محبت جزوِ ایماں ہے وطن کی
لگا دوں آگ کیسے گلستاں کو

میرے نقشِ وفا پہلے مٹا لو
مٹانا پھر میرے نام و نشاں کو

معیؔن اِنسانیت دم توڑتی ہے
بدل دو اِس زمین و آسماں کو

آواز (مجموعہ کلام) معین ادیبی

۵۶

○

دل ہے ہجومِ شوق و تمنّا لئے ہوئے
اِک ذرّہ اور وسعتِ صحرا لئے ہوئے

تاریکیاں ہیں غم کی مسلط حیات پر
آجاؤ عشرتوں کا اجالا لئے ہوئے

اللہ رے ضبطِ شوق کہ جی سے گذر گئے
ہم اعتبارِ وعدہ فردا لئے ہوئے

شوخئ التفات بھی رنگِ عتاب بھی
ان کی نگاہِ ناز ہے کیا کیا لئے ہوئے

پھولوں سے التفات ہے کانٹوں سے احتیاط
دیوانہ ہے شعور کی دنیا لئے ہوئے

جلوہ فروزِ بزم جنابِ مُعینؔ ہیں
بہکی ہوئی نظر کا سہارا لئے ہوئے

۵۷

○

دوست کا تصور ہے دوست کی ہی باتیں ہیں
ماہتاب کے چرچے چاندنی کی باتیں ہیں

ٹھیک ہی تو کہتے ہیں لوگ مجھ کو دیوانہ
ہوش ہے مگر لب پر بے خودی کی باتیں ہیں

وقت ناموافق ہے اس کو کیا کرے کوئی
ذہن میں ہزار ان کے بہتری کی باتیں ہیں

اس سے کیا توقع ہو حسن آدمیت کی
زہر سے سوا قاتل جب کسی کی باتیں ہیں

خود غرض، وفا دشمن آپ کو کہا کب ہے
یہ تو عصر حاضر کے آدمی کی باتیں ہیں

پوچھتے ہیں وہ سب سے کون ہے معین آخر
آج انجمن میں کس اجنبی کی باتیں ہیں!

۵۸

○

تری نگاہِ تلوّن اگر نہ یاد آئے !
کبھی یہ گردشِ شام وسحر نہ یاد آئے

گُدازِ شوق کو اب تک جو گُدگُداتی ہے
مجھے کسی کو وہ پہلی نظر نہ یاد آئے

سنبھال جذبۂ خود آگہی سنبھال مجھے
کہیں وہ بھولی ہوئی رہ گذر نہ یاد آئے

میرے جُنوں کا خُدا سلسلہ دراز کرے
بقیدِ ہوش کوئی عمر بھر نہ یاد آئے

تیرے خیال نے سب کچھ بھُلا دیا ہم سے
ہزار زخم ہیں دل میں مگر نہ یاد آئے

کمالِ ضبط ہے ہر چند امتحانِ وفا
خدا کرے کہ تیری چشمِ تر نہ یاد آئے

کسی کی آنکھ بھی نم ناک ہوگئی تھی معینؔ
مجھے وہ نالۂ دل کا اثر نہ یاد آئے

۵۹

○

پیار کا لے کے تیرے سہارا
نظمِ دو عالم ہم نے سنوارا

بن گئی چشمِ ناز سہارا
اپنی بازی کب ہیں ہارا

آنکھ میں ڈورے شرم و حیا کے
لب پہ تبسم پیارا پیارا

دل کا ایک اِک داغ ہے روشن
چاند کہاں کا، کیسا تارا

سب کے شریکِ غم ہو بیٹھے
فرض نے جب بھی ہم کو پکارا

بگڑے ہوئے ماحولِ وطن میں
عشق رہا پیغام ہمارا

خوب سپہر شعر و اَدب پر
چمکا معینؔ اب نام تمہارا

○

اَوج پر اب میرا مقدّر ہے
دولتِ غم مجھے میسّر ہے

اِمتحاں سے گذر رہا ہوں میں
کوئی شکوہ میری زباں پر ہے؟

گردشِ روزگار ہے اس میں
زندگی کیا ہے ایک محور ہے

سوچ کر کچھ تو مسکراتا ہوں!
ویسے رونا تو زندگی بھر ہے

قافلہ لٹ گیا سرِ منزل
کون اس قافلے کا رہبر ہے

رہ گئی دنگ سطوتِ شاہی
بے نیازی اِک ایسی ٹھوکر ہے

لوگ جس کو معینؔ کہتے ہیں!
وہ خلوص و وفا کا پیکر ہے

۶۱

○

کچھ کم نہیں ہے فخر و مباہات کے لئے
خاص ان کا التفات میری ذات کیلئے

جاگ اے مذاقِ عشق کرامات کے لئے
دل مضطرب ہے ان کی ملاقات کے لئے

اپنی خودی کا لینا پڑا جائزہ ہمیں
جب وہ مچل گئے ہیں کسی بات کے لئے

ترکِ تعلقات کوئی سہل تو نہیں !
تم آ گئے تلافیٔ مافات کے لئے

دامن سیہ گھٹاؤں کا کوئی نچوڑ دے
کیوں آدمی ترستا ہے برسات کے لئے

شرطِ عمل نہیں ہے سیاست میں لازمی !
سیکھے زباں سے کام مساوات کے لئے

دارالعمل معینؔ یہ دنیا ہے اصل میں
میدانِ حشر ہوگا مکافات کے لئے

○

جب تیرا پیار ٹوٹ جائے گا سانس کا تار ٹوٹ جائے گا
قول و اقرار ٹوٹ جائے گا ربطِ افکار ٹوٹ جائے گا
عزم کی ہم چٹان بن جائیں دستِ آزار ٹوٹ جائے گا
ہم سے رسمِ وفا ہے ہم جو گئے رشتۂ دار ٹوٹ جائے گا
اے نسیمِ سحر چل آہستہ خوابِ دلدار ٹوٹ جائے گا
عصبیت کا مظاہرہ نہ کرو قلبِ فنکار ٹوٹ جائے گا
آپ کی تو اَدا ہی ٹھہریگی زخم میں خار ٹوٹ جائے گا
شیخ رندوں سے کیوں الجھتے ہو زعمِ دستار ٹوٹ جائے گا

ٹھیس ہلکی سی بھی بہت ہے معینؔ
دل ہے دل ، یار ٹوٹ جائے گا

○

نازک سا ایک ربط ہے قلب و نگاہ میں
اَب تک تو فرق آنہ سکا رسم و رَاہ میں

جب سے ہوں تیری چشمِ محبّت پناہ میں
رکھّے ہوئے ہے مجھ کو زمانہ نگاہ میں!

عکسِ جمال تیرا ہے سب میں بقدرِ ذوق
ہر آنکھ آئینہ ہے تری جلوہ گاہ میں

مجھ پر میرا ضمیر ملامت شعار ہے
اللہ! کتنی دیر ہے عفوِ گناہ میں!

نظمِ چمن کچھ اور بگڑتا چلا گیا
تبدیلیاں بہت ہوئیں فکر و نگاہ میں

○

ہے مستیوں کا زور در نفس ابھی
ساقی پلا شراب نہ کر پیش و پس ابھی

طاری ہے نیند قافلے والوں پر آج کل
لوری بنی ہوئی ہے صدائے جرس ابھی

بے کیفیِ حیات کا عالم نہ پوچھئے
محسوس ہو رہا ہے گلستاں قفس ابھی

ہر چند ہے عناصرِ ہستی پہ اختیار
اِنسان پا سکا نہ مقدر پہ بس ابھی

شاید رہینِ شرم ہے کیفیتِ جمال
جلوہ گری میں ان کو جو ہے پیش و پس ابھی

آغوشِ التفات میں ہوں انکی محوِ خواب
اچھا تھا ٹوٹ جاتا یہ تارِ نفس ابھی

زندہ کرے جو عدل جہانگیر پھر معین
ایسا نہیں جہاں میں کوئی دادرس ابھی

٦٥

○

رنگ جب توجہ کا آپ کی نہیں ملتا
بندگی میں کچھ حسنِ بندگی نہیں ملتا

مطمئن کہیں ذوقِ زندگی نہیں ملتا
پیار کی لئے کوئی روشنی نہیں ملتا

توڑ کر ابھی رکھ دے جامِ مصلحت آمیز
کیوں ایاز کو حکمِ غزنوی نہیں ملتا

آپ کی نگاہوں نے اتنا سر چڑھایا ہے
آج کل مزاج اپنا واقعی نہیں ملتا

ہوش میں رہیں یا ہم بے خودی کے عالم میں
عشق ان کا کب جزوِ زندگی نہیں ملتا

سینکڑوں ایاز اسکے ساتھ ہوں عبادت میں
صف میں اہلِ ایماں کی غزنوی نہیں ملتا

قلب کو جو گرما دے روح کو جو تڑپا دے
شعر میں معینؔ ایسا سوز ہی نہیں ملتا

آواز (مجموعہ کلام) معین ادیبی

۶۶

○

کسی کی یاد کسی کا خیال رکھا ہے
تعلقات کو ہم نے بحال رکھا ہے

عجیب سانچے میں قدرت نے ڈھال رکھا ہے
کہ اس جہاں میں تجھے بے مثال رکھا ہے

تفکرات سے آزاد سوئے تھے شب میں
سحر ہوئی تو نیا اِک سوال رکھا ہے

بکھر گیا تری آنکھوں کا سحر کیوں ہر سو
فضا میں کس نے یہ ساغر اُچھال رکھا ہے

یونہی ہوا انہیں تبدیل آنسوؤں کا رنگ
تپش نے غم کی، لہو کو اُبال رکھا ہے

○

ہستی کے زائچے میں کوئی مستقر ملے
دونوں کی قسمتوں کے ستارے اگر ملے

غم معتبر ملے نہ خوشی معتبر ملے
ایسا بھی کیا حساب نتیجہ صفر ملے

حیرت ہے مجھ کو آپ نے پہچان ہی لیا
مدّت گذر گئی ہے نظر سے نظر ملے

سو ناز سے حضور جگاتی ہے آپ کو
ہم مفلسوں سے کیسے مزاجِ سحر ملے

بختِ رسا بھی چاہیئے سعیٔ طلب کے ساتھ
ممکن نہیں کہ تہہ میں پہنچکر گہر ملے

حاصل کرو وہ علم بنے جس سے زندگی
جس سے ملے، جہاں سے ملے، جسقدر ملے

٦٨

○

جذبۂ دل کی کرامات پہ تنقید کرو
ان کی مجبور عنایات پہ تنقید کرو

جب تلک ختم نہ ہو شیخ کی تسبیح کا دور
میکشو گردشِ حالات پہ تنقید کرو

تم کو جمہور پرستی کا بھرم رکھنا ہے
جھوٹوں ہی اپنی مساوات پہ تنقید کرو

جاں بلب ہو کوئی محفل میں کوئی جام بلب
ایسے آئینِ خرابات پہ تنقید کرو

اسلحے ڈھال رہا ہے جو تباہی کیلئے
ذہنِ انساں کے کمالات پہ تنقید کرو

میری مے نوشی پہ انگشت نمائی ہے غلط
غم کی دیرینہ روایات پہ تنقید کرو

جامِ جم ہاتھ تمہارے جو لگے کم ظرفو!
کیا عجب قاضی حاجات پہ تنقید کرو

مَیں کہیں حدِ تعین سے نہ بڑھ جاؤں معینؔ
تم کو حق ہے میرے جذبات پہ تنقید کرو

○

یارب میں تیری رحمتِ لاانتہا کے بعد
محسوس کر رہا ہوں ندامت خطا کے بعد

تقدیسِ کعبہ عظمتِ بتخانہ کچھ نہیں
سجدہ ہوا قبول یقینِ خدا کے بعد

اللہ رے یہ حسن کا احساسِ انفعال
آنسو نکل پڑے ستمِ ناروا کے بعد

سچ ہے بدل گیا ہے نظامِ چمن مگر!
اِک انقلاب اور سہی اس فضا کے بعد

۷۰

اصلِ حیات بن کے محبت پہ چھا گئی
ایسی بھی اِک نگاہ اٹھی اِلتجا کے بعد

انجام کار منظرِ ہستی بدل گیا
سہمے ہوتے نجوم کی پھیکی ضیا کے بعد

مردہ دلوں میں پھونکنے روحِ حیاتِ نو
آیا نہ کوئی جوہرِ غم آشنا کے بعد

شرحِ شہود و غیب بیاں کیا کروں معینؔ
وہ اِبتدا سے پہلے وہی انتہا کے بعد

○

رُباعی

جامِ مئے گلفام پلا کر ساقی
رندوں کو تو مخمور کیا کر ساقی
اِن مست نگاہوں کی قسم ہے تجھ کو
بس میری طرف دیکھ لیا کر ساقی

۷۱

O

خنجر لئے تم آئے تھے سر جس کا تم اُڑانے
قدموں میں اسی کے تمہیں پہنچایا خدا نے

چاہا تو بہت اس نے کہ پھل ٹوٹ کے گر جائیں
پتھر کوئی لگنے نہ دیا تیز ہوا نے

کیوں اس کے خرد پر نہ جنوں قہقہہ زن ہو
نکلا ہے جو سورج کو چراغ اپنا دکھانے

محرومیٔ منزل تو مقدّر تھی ہمارا
کھویا ہے وقار اپنا مگر راہ نُما نے

لہرا گئی اک برق تبسم کی لبوں پر
سرگوشیاں کیا آپ سے کیں بادِ صبا نے

غیروں سے سہی اس نے میرا حال تو پوچھا!
دِکھلا تو دیا اِتنا اثر میری وفا نے

رنگ ان کی ہی صورت کا معینؔ اُڑ سا گیا ہے
آئے تھے میرے چہرے کی جو آب اُڑانے

۷۲

○

حسن بدنام، عشق بھی بدنام
آدمی سے ہے آدمی بدنام

ان کی شہرت بھی ہوگئی گھر گھر
ہوگئے ہم گلی گلی بدنام

کون منکر ہو اس حقیقت کا
عشق ناکام، زندگی بدنام

تم نے دیکھا تھا کن نگاہوں سے
کر گئی ہم کو بے خودی بدنام

آپ دیکھیں تو آئینہ لے کر
کیوں ہے زلفوں کی برہمی بدنام

دُور کوتاہیٔ عمل سے کبھی
ہے تو کہنے کو مفلسی بدنام

ایسا سلوک کرتا ہے کوئی کسی کے ساتھ
کی بات بھی جو تم نے تو کس بے رُخی کے ساتھ

ہوں مست حال اور ہے دِل میں تیرا خیال
اِک جذبۂ خودی بھی ہے اس بیخودی کے ساتھ

ربطِ اُمید و بیم کا عالم نہ پوچھئے
ظلمت ہے جیسے رقص کناں روشنی کے ساتھ

زاہد عبث ہے زہد ریا پر یہ تیرا زعم
نیت بھی دیکھتا ہے خدا بندگی کے ساتھ

وہ ماحصل ہیں زیست کے در اصل اے معینؔ
لمحاتِ شوق ہائے جو گذرے کسی کے ساتھ

٧٤

○

ہوا اس طرح سے روشن خطِ جام میکدے میں
کہ سحر ہوئی ہے جیسے سرِ شام میکدے میں

بلا امتیاز ساقی دے بقدرِ ظرف سب کو
تیرا فیض یونہی جاری رہے عام میکدے میں

یہ میری حقیر ہستی ہے دلیلِ مئے پرستی
میرے نام سے ہے ساقی تیرا نام میکدے میں

تیری مست انکھڑیوں کا یہ اثر ہوا اے ساقی
میرے ساتھ جھومتے ہیں در و بام میکدے میں

یہ معینؔ خستہ ساماں ہے فنائے ذوقِ عصیاں
اسے دفن کر دے ساقی تہہِ جام میکدے میں

۷۵

○

خطا کیا! تقاضائے فطرت نہیں ہے
مجھے لغزشوں پہ ندامت نہیں ہے

میسّر تیرا دامن لطف ہوتا
میرے آنسوؤں کی یہ قسمت نہیں ہے

تیری کیف آگیں نگاہیں سلامت
مجھے میکشی کی ضرورت نہیں ہے

تیرے غم کے صدقے، تیرا غم سلامت
نشاطِ دوعالم کی حسرت نہیں ہے

اُدا کر رہا ہوں میں حق بندگی کا
میری سجدہ ریزی تجارت نہیں ہے

معینؔ آپ کو اہلِ دل جانتے ہیں
تعارف کی کوئی ضرورت نہیں ہے

○

آج پھر حد سے سوا وارفتگیٔ دل سہی
حال کی سرمستیوں میں فکرِ مستقبل سہی

زندگی تو نام ہے بیداریٔ احساس کا
وقت کی ٹھوکر برائے زندگیٔ دل سہی

اپنے کردار و عمل سے زندگی کو دے فروغ
سینکڑوں درپیش تیری راہ میں مشکل سہی

عین طوفاں میں لپٹ جاتا ہوں موجِ بحر سے
دور میری دسترس سے دامنِ ساحل سہی

وسعتِ کونین اس کی گردِ پائے شوق ہے
آدمی یوں تو نظر میں جزوِ آب و گِل سہی

پھر بھی کہتا ہوں اسے اعجاز تیرے لطف کا
میری شہرت میری سعیٔ فکر کا حاصل سہی

آئینہ دارِ جمالِ زندگی بھی ہو معین
تیرا نغمہ باعثِ صد گرمیٔ محفل سہی

۷۷

○

شادماں کوئی ، کوئی رنجور ہے
یہ مشیت کا عجب دستور ہے

غم نہیں دل زندگی سے دور ہے
لیکن اس کی یاد سے مسرور ہے

ان کا دامن اور میرا دستِ شوق
دیکھئے قسمت کو کیا منظور ہے

شکوۂ کوتاہیٔ داماں نہ کر !
آدمی خود صاحبِ مقدور ہے

تبصرہ کیا کیجئے حالات پر
آدمی حالات سے مجبور ہے

کوئی پیدا تو کرے جذبِ کلیم
ہر قدم پر جلوہ گاہِ طور ہے

حق پرستی ہے شعار اپنا معینؔ
نقش دل پر عظمتِ منصور ہے

○٥

نالوں میں ہم کمالِ اثر دیکھتے رہے
سہمی ہوئی سی ان کی نظر دیکھتے رہے

اس اعتبارِ ذوقِ محبت کو کیا کہیں!
ہم ان کی راہ شام و سحر دیکھتے رہے

اللہ رے مآل یہ دردِ فراق کا!
تاروں کو زیبِ دامنِ تر دیکھتے رہے

اِتنا بدل چکا ہے مذاقِ جہاں معینؔ
بے سود ہم متاعِ ہنر دیکھتے رہے

آواز (مجموعہ کلام) معین ادیبی

○

جب میسر تیرے دامن کا سہارا نہ ہوا
کوئی ہمدرد زمانے میں ہمارا نہ ہوا

اِلتفاتِ نگہِ ناز تو دشوار نہ تھا
غیرتِ عشق کو لیکن یہ گوارہ نہ ہوا

نگہِ شوق سے ہم عرضِ تمنا کرتے
یہ بھی آدابِ محبت کو گوارہ نہ ہوا

میری آنکھوں میں امنڈ آئے خوشی کے آنسو
تم جو آئے تو مجھے ضبط کا یارا نہ ہوا

مصلحت نے انہیں پابندِ تغافل رکھا
احتیاطاً بھی میری سمت اِشارا نہ ہوا

اور بھی دہر میں ناکامِ تمنّا تھے معین
مجھ سا لیکن کوئی تقدیر کا مارا نہ ہوا

○

جلوۂ قدرت کہاں مفقود ہے ذرّہ ذرّہ میں خدا موجود ہے
کس لئے تکرارِ ہست و بُود ہے وہ اَزل سے تا اَبد موجود ہے
منحصر اخلاص نیت پر ہے سب ورنہ ہر سعیٔ عمل بے سود ہے
ہمّتِ مردانہ ہونی چاہیئے عالمِ پرواز لا محدود ہے
ہو جو مستحکم ترا ذوقِ طلب ہر قدم پر منزلِ مقصود ہے
میرے ذوقِ جستجو کی قدر کر! میرا دامن دیکھ گرد آلود ہے
ہیں اندھیرے میں ابھی اہلِ خرد ارتقا کی روشنی محدود ہے

دیکھنا ہے مجھ کو تیرا اختیار
ورنہ ہستی تو گنہ آلود ہے

○

ہم جو اہلِ زباں نہیں ہوتے — آج رطب اللساں نہیں ہوتے

ہم جو سجدہ کناں نہیں ہوتے — نازشِ دو جہاں نہیں ہوتے

جو ہیں حاملِ خلوصِ نیت کے — وہ عمل رائیگاں نہیں ہوتے

واقعاتِ الم کچھ ایسے ہیں — رہنِ لفظ و بیاں نہیں ہوتے

آج بھی سرفروش ہیں ہم سے — عشق کے امتحاں نہیں ہوتے

اُپنی اُپنی نگاہ ہے ورنہ — اُن کے جلوے کہاں نہیں ہوتے

اور کھینچو کمان اَبرو کی ! — تیر پیوستِ جاں نہیں ہوتے

ہے تصور رَواں دَواں جس جا — رَہ رَوں کے نشاں نہیں ہوتے

ہم جو چلتے قدم مِلا کے معین
گمرہ کارواں نہیں ہوتے

۸۲

O

نہ تُو قریب نہ دل میرے اختیار میں ہے
یہ بے بسی بھی عجب موسمِ بہار میں ہے

شگوفے پھوٹ رہے ہیں مہک رہی ہے فضا
عجیب رنگ چمن کا بھری بہار میں ہے

مچل رہی ہے طبیعت مہک رہی ہے فضا
یہ کیسا رنگ تری چشم میگسار میں ہے

شگفتگی گُلِ نورس کی ہیچ ہے اے دوست
وہ دلنوازی ترے حسنِ سوگوار میں ہے

یہ گرم گرم سے آنسو یہ آتشیں آہیں ! !
بڑا ہی سوز میرے جذبِ شعلہ بار میں ہے

تیرا جواب تبسّم ہے مختصر لیکن
غضب کی وسعتِ معنٰی اس اختصار میں ہے

نہ دے فریبِ محبّت اسے خدا کے لئے
تیرا معینؔ ابھی فکرِ روزگار میں ہے

۸۴

○

لے چلا جوشِ جنوں جانے کہاں
ہوش میں اپنے ہیں دیوانے کہاں

حسن نکلا باعثِ تشہیرِ عشق
ورنہ ہم تھے جانے پہچانے کہاں

جن میں تھیں خونِ وفا کی جھلکیاں
اب محبّت کے وہ افسانے کہاں

مِٹ کے جو نامِ وفا زندہ کریں
انجمن میں اب وہ پروانے کہاں

سوزِ غم سے داغِ دل لَو دے اُٹھے
جگمگاتے ورنہ غم خانے کہاں

اہلِ ایماں جن پہ مرتے تھے معینؔ
اَب وہ اَگلے سے صنم خانے کہاں!

آواز (مجموعہ کلام) معین ادیبی

○

کیا کہیے ازل سے اِنساں کے حق میں یہ ستم مقدور ہُوا
آنکھوں میں سرِ اشکِ غم لے کر ہنسنے کے لئے مجبور ہُوا

اِک آنکھ نہ بھایا دنیا کو یہ ربط دِلوں کا کیا کہیے
وہ میری نظر سے دور ہوئے میں انکی نظر سے دُور ہوا

میخانۂ ہستی کا ساقی دستور بدلنا ہی ہو گا
اِک فیض سے تیرے دور رہا اِک پی کے نشے میں چُور ہوا

مطلوبِ تماشہ دنیا میں تھے اور بھی تیرے شیدائی
مخصوص برائے موسٰی ہی کیوں جلوۂ کوہِ طور ہوا!

طوفانِ حوادث میں میری بے چارگی دیکھے تو کوئی
اِک موج میں ساحل پاس آیا اِک موج میں ساحل دُور ہوا

ناکامیٔ سعیٔ پیہم سے مایوس عبث ہیں آپ معینؔ
دنیا کے مصائب سے ہنسکر جو گذرا وہی منصور ہُوا!

۸۵

○

زلف عارض پہ تمہارے جو بکھر جائیگی
شامِ غم آئیگی، تنویرِ سحر جائیگی

آ! کہ کچھ اور بھی پرکیف جوانی تیری
ڈوب کے چاندنی راتوں میں نکھر جائیگی

اَب ترقی کی نئی راہ نکل آئی ہے!!
تیری بگڑی ہوئی تقدیر سنور جائیگی

یہ حقیقت ہے میری بادہ کشی کچھ ہی سہی
غم کی دیرینہ روایات کے سر جائیگی

صحبتِ حُسن میسر مجھے آجائے معینؔ
زندگی زلف کے سائے میں گذر جائیگی

○

اسے جب ہو گی حاصل دسترس دورِ بہاراں پر
خرد کو رشک آئے گا جنونِ فتنہ ساماں پر

کوئی مجبور شاید زندگی سے ہاتھ دھو بیٹھا
خموشی موت کی سی ہے درو دیوارِ زنداں پر

سکوں سا آ گیا یک لخت میرے قلبِ مضطر کو
خدا جانے یہ کس نے انگلیاں رکھ دیں رگِ جاں پر

ہزاروں آفتابوں سے بھی جو مرجھا نہیں سکتے
برستے ہیں فلک سے پھول وہ گنجِ شہیداں پر

وفا کی بات رہنے دو معینؔ اس دورِ حاضر میں
محبت کا جنازہ اُٹھ رہا ہے دوشِ انساں پر

۸۷

○

اہلِ دل، اہلِ نظر، اہلِ زباں تک آگئی
بڑھتے بڑھتے وارداتِ دل کہاں تک آگئی

کی دعائے خیر میں نے اہلِ گلشن کے لئے
جب کوئی بجلی تڑپ کر آشیاں تک آگئی

ذوقِ سجدہ بے نیازِ دیر و کعبہ ہی رہا
بے خودی لے کر تمہارے آستاں تک آگئی

اِبتدائے شوق تھی بیگانۂ فکرِ مآل
انتہا یہ ہے محبّت اِمتحاں تک آگئی

دِل کی غیرت کو نہ جانے آج یہ کیا ہو گیا
پھر میرے دل کی خلش میری زباں تک آگئی

حسن تو ہر حال میں معصوم ہی ٹھہرا معینؔ
تیری رسوائی تو دنیا کی زباں تک آگئی

○

رائیگاں ہو نہ میری کوشش و تدبیر کہیں
ہاتھ ملتی ہوئی رہ جائے نہ تقدیر کہیں

اِک زمانہ کو بنا دیتا ہے بیگانۂ ہوش
راس آجاتی گرانباریِٔ زنجیر کہیں!

عِشق تو واہمۂ ذہن بشر ہوتا ہے
سچ ہوا کرتی ہے اس خواب کی تعبیر کہیں

مہرباں دیکھ کر اس چشمِ خطا پرور کو
پھر نہ بڑھ جائے میری جراَتِ تقصیر کہیں

حادثے غم کے ہوا دیتے رہینگے جبتک
دل کے ان داغوں کی مٹ سکتی ہے تنویر کہیں

نامکمل رہی جاتی ہے حدیثِ الفت
کھوگئی ہے میری فریاد کی تاثیر کہیں!

غم کے ہر رنگ میں فیضانِ محبت سے معینؔ
چھپ نہیں سکتی مری شوخیٔ تحریر کہیں!

۸۹

○

حجابِ شوق میں مستور ہوں میں
رہینِ جذبۂ منصور ہوں میں !

بہت نازاں بہت مغرور ہوں میں
تمہارے نام سے مشہور ہوں میں

جوانی ہے سبب زِندہ دِلی کا
محبّت کے نشے میں چُور ہوں میں

تنفّس تیز ہوتا جا رہا ہے
ابھی منزل سے کوسوں دُور ہوں میں

جنوں فانوسِ راہِ ارتقا ہے
خرد کی ظلمتوں میں نور ہوں میں

اِک آئینہ ہوں خود حسنِ طلب کا
کمالِ دلکشیِ طور ہوں میں

معیؔن احسان لوں میں کیوں کسی کا
یقیناً صاحبِ مقدور ہوں میں

○

مہرباں ان کی نگاہ فتنہ زا کو دیکھ کر
زندگی انگڑائی لیتی ہے قضا کو دیکھ کر

وہ بنائے کعبہ بھی بنیادِ بتخانہ بھی ہے
سر جھکا لیتے ہیں ہم جس نقش پا کو دیکھ کر

اُٹھ رہا ہے دل میں طوفاں مست و بیخودی فضا
میکدہ بر دوش متوالی گھٹا کو دیکھ کر

دستگیری کر میری اے جذبۂ خود آگہی
راہ زن یاد آ رہے ہیں رہ نُما کو دیکھ کر

اتنی مہلت ہی نہ دی ذوقِ ندامت نے ہمیں
تیری جانب دیکھتے اپنی خطا کو دیکھ کر!

ہو گیا احساس زخمی آنکھ بھر آئی معینؔ
غم سے بیگانہ زمانے کی فضا کو دیکھ کر!

○

دنیا کو ابھی دیکھیں گے کچھ اور حسیں ہم
پا جائیں اگر حُسن کا انداز کہیں ہم!
قیمت کوئی ممکن نہیں کونین میں جس کی
ہیں خاتمِ فطرت میں وہ انمول نگیں ہم
دنیا ہمیں ناواقفِ آداب کہے گی
ہٹ کر تیرے قدموں سے اگر رکھدیں جبیں ہم
ہر چند کہ مایوسیاں دل توڑ چکی ہیں!
چلتے کئے لیتے ہیں محبّت کا یقیں ہم
کانٹے بھی تو وابستہ ہیں دامانِ وفا سے
الزام ہے ہم پر کہ رَوادار نہیں ہم

ملتا نہ معین ان کا جو دامانِ محبّت
صحرا میں بگولے کی طرح ہوتے کہیں ہم

۹۲

○

نصیب صحبتِ بادہ کشاں رہے نہ رہے
پھر اختیار میں عمرِ رواں رہے نہ رہے

اس آستاں کی عقیدت ہے حاصلِ ایماں
جبینِ شوق سرِ آستاں رہے نہ رہے

میری نگاہِ تجسس کا ماحصل تم ہو !
شریک میری خوشی میں جہاں رہے نہ رہے

تیری نگاہِ کرم ہی بہت ہے میرے لئے
میری وفا کا کوئی قدرداں رہے نہ رہے

گذرنے والوں کے نقشِ قدم غنیمت ہیں
غبارِ راہ پسِ کارواں رہے نہ رہے

وفا کا نام تو زندہ رہے گا دنیا میں
ہمارے بعد ہمارا نشاں رہے نہ رہے

معینؔ اپنے وقارِ خودی کو قائم رکھ
تیری طرف سے کوئی بدگماں رہے نہ رہے

○

حشر سامانی یہ کیسی دل کے ارمانوں میں ہے
کیوں سفینہ زندگی کا آج طوفانوں میں ہے

صبح کے انداز پائے جا رہے ہیں شام میں
کیا شفق پھولی ہوئی شفاف پیمانوں میں ہے

ہوں تو برباد جنوں پر یہ سعادت کم نہیں
ذکر میرا بھی تمہارے چاک دامانوں میں ہے

آئینہ کہئے جسے پاکیزگی عشق کا!
ایک میرا ہی گریباں تو گریبانوں میں ہے

سربلندی کیا وہیں ملتی ہے اہلِ عشق کو
اسقدر دار و رسن کا شوق دیوانوں میں ہے

۹۴

○

محبت کو محبت کے لئے بدنام ہونے دو
ہمارا یہ مذاقِ دردمندی عام ہونے دو

مذاقِ عشق کو آسودۂ انجام ہونے دو
ابھی مشہور دنیا میں ہمارا نام ہونے دو

ارے! رندو ذرا ٹھیرو نمودِ شام ہونے دو
سپہرِ میکدہ پر پھر طلوعِ جام ہونے دو

ضیائے مہر کو کوئی مقید کر نہیں سکتا!
اگر ہوتا ہے رازِ عشق طشت اَز بام ہونے دو

تمہارے نقشِ پا پر خود زمانہ سرنگوں ہوگا
ذرا میرے طریقِ بندگی کو عام ہونے دو

قفس والو پتہ چل جائیگا حالات کا تم کو
گلستاں میں کسی کو پھر اسیرِ دام ہونے دو

معینؔ ان میں نہ جانے کتنے دل کی دھڑکنیں ضم ہیں
میرے اشعار کو مقبول خاص و عام ہونے دو

۹۵

○

وہ ادھر الجھے ہوتے تھے زلف اور شانے کے ساتھ
محوِ نظارہ ادھر ہم آئینہ خانے کے ساتھ

حشر تک پھر ہوش میں رِندوں کا آنا ہے محال
ہوں وہ آنکھیں بھی اگر گردش میں پیمانے کے ساتھ

امن ، راحت ، زندگی ، مستی ، خلوصِ باہمی
ہم نے یہ بھی نعمتیں پائی ہیں میخانے کے ساتھ

دل لرز جاتا ہے انجامِ محبت دیکھکر
شمع کا برتاؤ جو ہوتا ہے پروانے کے ساتھ

اپنی آنکھوں سے خود اپنے عشق کی معراج دیکھ
کتنے دیوانے بنے ہیں تیرے دیوانے کے ساتھ

پاسبانوں پر نگہداری کا عالم ہے تو پھر
گلستاں تاراج ہو جائے گا کاشانے کے ساتھ

اعتمادِ دوست کا بھی پاس رکھئے گا معینؔ
کچھ حقائق بھی اجاگر ہوں گے افسانے کے ساتھ

○

ہر چند کہ پابندیٔ صیاد رہے گی
فطرت میری آزاد ہے آزاد رہے گی

اندازہ میرے غم کا تو ہوگا نہ کسی کو!
اِک جرم میری شورشِ فریاد رہے گی

محرومیٔ گلہائے تبسم مجھے تسلیم!
غم سے میری دنیائے دل آباد رہے گی

ممکن ہے کہ بھر جائے میرے دل کا ہر اِک زخم
یہ بے رخی اے دوست تیری یاد رہے گی

ہو جائیگا خود واقفِ آدابِ محبت
دل پر جو مسلسل تیری بیداد رہے گی

تم سلسلۂ مشقِ ستم توڑ نہ دینا!
بے کیف مرے عشق کی روداد رہے گی

یوں کثرتِ باطل سے نہ گھبرائیں معینؔ آپ
یہ دولتِ ایماں ہے خداداد رہے گی

۹۷

○

فروغِ دیدۂ تر میرے ہونٹوں کی ہنسی کیوں ہے
کسی کی یاد اب تک میرے دل سے کھیلتی کیوں ہے

یہ دَورِ ارتقا کتنا تنزل آفریں نکلا
ابھی تک آدمی میں آدمیت کی کمی کیوں ہے

خلوصِ عشق کا ٹوٹا ہوا اِک آئینہ ہوں میں
نگاہِ ناز مجھ کو دیکھ کر حیران سی کیوں ہے

رفیقو تم مجھے آوارۂ منزل ہی رہنے دو
کرو گے جان کر کیا ! مجھ کو شوقِ گمرہی کیوں ہے

کوئی ان کی نگاہِ سحر آگیں بھی ذرا دیکھے
ہمیں سے پوچھتے ہیں لوگ یہ وارفتگی کیوں ہے

بہر صورت حقیقت روشنی میں آتی جاتی ہے
یہ دنیا آج بھی مہر و وفا کی مدعی کیوں ہے

معینؔ آنکھیں تبسم ریز لب پر نغمۂ عشرت
کسی سے کیا بتائیں ہم یہ اظہارِ خوشی کیوں ہے

۹۸

○

یہ حسنِ اتفاق بڑا دلنشین ہے
میں بھی ابھی جوان ہوں تو بھی حسین ہے

بڑھ کر کسی نے روک لیا دستِ ناز پر
ہر قطرہ جیسے اشکوں کا لعلِ ثمین ہے

تھی عالمِ خیال میں جس کی مجھے تلاش
قسمت سے میری آج وہ پہلو نشین ہے

اظہارِ غم سے آتا ہے ذوقِ وفا پہ حرف
کتنا مقام عشق کا نازک ترین ہے

ہر شعر ترجماں ہے اُسی کے جمال کا
جو کائناتِ عشق ہے جانِ معینؔ ہے

○

کیا جنوں کا اشارہ خرد پا گئی !
آج بے ساختہ پھر ہنسی آ گئی

بن گئی زلف حالاتِ زنجیرِ غم
آرزو پھر حوادث سے ٹکرا گئی

ان کی باتوں پہ پھر اعتبار آ گیا
زندگی پھر فریبِ وفا کھا گئی

دل سے خارِ دوئی کو نکالو ذرا
پھر یہ کہنا چمن میں بہار آ گئی

اب تغیّر طلب ہے فضائے چمن
بے حسی سارے ماحول پہ چھا گئی

یاد ہے دار پر لے کے منصور کو
فطرتِ عشق بے باک و تنہا گئی

خیر و شر کو سمجھنے لگے وہ معینؔ
شکر ہے ان میں انسانیت آ گئی

○

حل نہ کر پایا میں وہ عقدۂ دشوار ابتک
مجھ میں پنہاں ہیں مشیت کے جو اسرار ابتک

درس عبرت ہے جہاں کے لئے منصور کی بات
نقش ہے ذہن میں وہ حادثۂ دار ابتک

زندگی یوں تو بدلتی رہی کروٹ اکثر
میری تقدیر نہ لیکن ہوئی بیدار ابتک

بڑھکے دیتی نہ سہارا جو محبت تیری
مجھ کو جینے نہیں دیتے میرے افکار ابتک

آگے بڑھنے نہ دیا مجھ کو غریبی نے معینؔ
ہے میری راہ میں حائل یہی دیوار ابتک

١٠١

یا قفس یا آشیانہ دیکھئے — جو دکھائے آب و دانہ دیکھئے
کچھ حقیقت کچھ فسانہ دیکھئے — انقلاباتِ زمانہ دیکھئے
رَو میں دیوانہ ہے شاید آپ کا — گفتگوئے عارفانہ دیکھئے
راہ میں ہم نقشِ پا ڈھونڈا کئے — بڑھ گیا آگے زمانہ دیکھئے
پوچھتے گا پھر مرے ایماں کا حال — ان کی چشمِ کافرانہ دیکھئے
بات جا پہنچی کسی کے عشق تک — آرزو کا شاخسانہ دیکھئے

دیکھنا ہوگا میسر کب معینؔ
مصطفیٰ کا آستانہ دیکھئے

۱۰۲

○

ہر دور میں حیات کا آئینہ دار ہوں
جسکو خزاں کا ڈر نہیں میں وہ بہار ہوں

میری نظر میں حاصلِ کون و مکاں ہو تم
تم سے نگاہِ لطف کا اُمیدوار ہوں !

رکھتے ہیں اپنے سر کو عقیدت سے راہ رو
نقشِ قدم میں کس کا سرِ رہ گذار ہوں

بے اِلتفاتیوں کا تمہاری گلہ نہیں
اپنی کمندِ شوق کا خود ہی شکار ہوں

پامال کر نہ سبزۂ بیگانہ جان کر
میں بھی چمن کے حسن کا آئینہ دار ہوں

دیوانگی ہے اصل میں معراج عشق کی !
ہر ہر ادا پر آپ میں اپنی نثار ہوں

بن کر معین خاک قدم میں ادیب کی
اہلِ سخن کی نظروں میں گردوں وقار ہوں

۱۰۳

○

پھر عشق کہیں سلسلہ جنباں تو نہیں ہے
غم دل کا میرے ان پہ نمایاں تو نہیں ہے

بڑھتی ہی چلی جاتی ہے آشفتگی دِل کی
ان کی نگہ ناز کا احساں تو نہیں ہے

لو دینے لگے آج مرے داغِ جگر کیوں ؟
محفل میں کہیں اُن کی چراغاں تو نہیں ہے

پھر زیر و زبر ہے مرے اَحساس کی دنیا
شانوں پہ تیری زلف پریشاں تو نہیں ہے

بر عکس ہوا کرتا ہے انجامِ تمنّا
ہستی مری اِک خوابِ پریشاں تو نہیں ہے

ناکامِ محبت بھی ہوں برباد وفا بھی !
اَب دل میں تمہارے کوئی اَرماں تو نہیں ہے

ہر سانس معینؔ ان کی محبت کا ہے حاصل
دل فرطِ مسرّت سے غزلخواں تو نہیں ہے

○

پھر ساز چھیڑ زمزمۂ انقلاب دے
میں اضطراب چاہتا ہوں اضطراب دے

ساقی بقدرِ ظرف نہ دے بے حساب دے
صدقہ بہارِ غم کا برنگِ شراب دے

سعیِ نگاہ کثرتِ جلوہ سے کم نہ ہو
یارب مذاقِ دید مجھے کامیاب دے

اے غیرتِ خودی مجھے بڑھ کر سنبھالنا
راہِ وفا میں جب میری ہمّت جواب دے

ایماں فروغِ مصحفِ رُخ تیرا چوم لُوں
دستِ رحل نُما میں خدا کی کتاب دے

روشن خیال ہو نہ سکا آدمی ہنوز !!
پھر مطلعِ شعور کو اِک آفتاب دے

سب کے لئے مفید تیری ذات ہو معینؔ
خوشبو زمانے بھر کو تُو بن کر گلاب دے

۱۰۵

○

دَرد سے درد کا کب ہوتا ہے دَرماں کہیئے
یہ جو ممکن نہیں مشکل کو نہ آساں کہیئے

کب ہوئی ہے اثرِ غم سے پریشاں کہیئے
میری ہستی کو جوابِ غمِ دَوراں کہیئے

خوگرِ ضبط بنا دیتا ہے اِنسان کو عشق
میری صورت سے میرا غم ہے نمایاں کہیئے

آپ تفریق کے حامی تو نہیں تھے کل تک
سازگار آگئی کیا رسمِ گلستاں کہیئے

وہ بھی بے تاب ہیں اظہارِ تمنّا کیلئے
جذبۂ عشق کو اَب سلسلۂ جنباں کہیئے

لوگ آسانی سے پہچان لیں محشر میں معینؔ
داغِ سجدہ کو میرے تابشِ ایماں کہیئے

○

میرے خوابوں کا سلسلہ کوئی
اس لطافت سے توڑ دیتا ہے
غسل کے بعد میرے تلوؤں پر
بھیگی زلفیں نچوڑ دیتا ہے

○

پھول کی بھی عجیب قسمت ہے
اس کو حاصل تمہاری قربت ہے
نکہتِ زلف سے بھی ہم محروم
اور یہ گیسوؤں کی زینت ہے

○

جذبۂ انتقام کے شعلے
تشنہ ہونٹوں سے کیا بھڑک اُٹھے
قصر و اَیواں کی ہِل گئی بنیاد
زر پرستوں کے دِل دھڑک اُٹھے

○

آپ کی قربت حیات آمیز ہے
یہ سکوتِ شب لطافت خیز ہے
دو دِلوں کا دیکھ کر یہ اِتّصال
آج فطرت خود بھی نغمہ ریز ہے

○

جسم کہتے ہیں جان کہتے ہیں
فخرِ ہندوستان کہتے ہیں
ایک گہوارۂ اخوّت ہے
جِس کو اُردو زبان کہتے ہیں

○

حسنِ فطرت کے راز دار ہو تم !
نازشِ بزمِ روزگار ہو تم !
کاش ! میں اس کے ہاتھ چوم سکوں
جس مصوّر کا شاہکار ہو تم !

○

چودھویں کی رات اور پچھلا پہر
کس قدر ماحول کیف انگیز ہے
کیا ! سمجھ لوں میں اسے حسنِ طلب
آپ کی خاموشی معنی خیز ہے

○

سرور و کیف میں ڈوبی ہوئی فضائیں ہیں
پرے جمائے گذرتے ہیں اس طرح بادل
معینؔ جیسے حسینوں کی ٹولیاں اکثر
اُڑائے چلتی ہیں راہوں میں ریشمی آنچل

○

چاندنی رات یاد آتی ہے
ہر ملاقات یاد آتی ہے
تم میرے پاس جب نہیں ہوتے
ایک اِک بات یاد آتی ہے

○

جاگتا ہے شعور رِندوں کا
آفتاب اِک نیا ابھرتا ہے
جب زمانے میں رات ہوتی ہے
بادہ خانے میں دن نکلتا ہے

○

عشق کی وار دات بَن کے رہو
راز دارِ حیات بَن کے رہو
میرے دل میں، میری نگاہ میں تم
حاصل کائینات بن کے رہو

○

دیکھنے کو ترس گئیں آنکھیں!
کن فضاؤں میں کھو گئے ہو تم
ایک مدّت کے بعد دیکھا ہے
عید کا چاند ہو گئے ہو تم!

○

ہر سزا ہے مجھے تسلیم ہر اک جرم قبول
کچھ ستم اور ندامت کے سوا فرماتے
دیکھ سکتا ہوں ہر اک منظرِ غمناک مگر
آپ کی آنکھ میں آنسو نہیں دیکھے جاتے

○

کون منکر ہو اس حقیقت کا
حُسن خلدِ نگاہ ہوتا ہے
یہ جوانی ہے کس قدر بدنام
دیکھنا بھی گناہ ہوتا ہے

○

لے کے سارے جہاں کی بیداری
حُسن کی کائینات سوتی ہے
دل کے ارمان جاگ اُٹھتے ہیں
کیا جوانی کی نیند ہوتی ہے

آواز (مجموعہ کلام) معین ادیبی

۱۰۹

O

راہِ ہستی میں عقیدت کے نشاں بنتے رہے
اک میرے سر کے لئے سو آستاں بنتے رہے

ذوقِ حسن و عشق کی اک داستاں بنتے رہے
آب و گِل ملتے رہے اور جسم و جاں بنتے رہے

مہرباں ہوتے رہے نامہرباں بنتے رہے
اپنی حد میں تم زمین و آسماں بنتے رہے

اپنے مرکز ہی پہ ہم قائم رہے اچھا ہوا
زاویۂ دیر و حرم کے درمیاں بنتے رہے

خاک میں ملتا رہا زعمِ مذاقِ ضبطِ غم
کون کہتا ہے کہ آنسو کہکشاں بنتے رہے

صبر کی بھی ایک حد ہوتی ہے چپ کی ایک حد
ہم زباں رکھتے ہوئے بھی بے زباں بنتے رہے

وقت کی خاموشیاں تھیں سب کے حق میں اشتباہ
اہلِ عالم کے لئے ہم ترجماں بنتے رہے

اپنا گھر بغض و حسد کی آگ میں جلتا رہا
ہم کہیں پیغمبرِ امن و اماں بنتے رہے

کیا برا تھا وہ بھی اہلِ کارواں ہوتے معینؔ
عقل کے دشمن امیرِ کارواں بنتے رہے

۱۱۰

خدا آگہی ہے نہ خود آگہی ہے
بشر مبتلائے فریبِ خودی ہے

رہِ آرزو میں جو پیچیدگی ہے
غلط! کارواں کو قیادت ملی ہے

یہ کیسی تعصب کی آندھی چلی ہے
ہمارے بھی دامن پہ گرد آگئی ہے

ذرا ہوشیار اے نگہدارِ گلشن
فضا انقلابی ہوئی جارہی ہے

غلط خوابِ شیریں کی تعبیر نکلی
زمینِ وطن جوئے خوں بن گئی ہے

نگاہِ محبت سے دیکھا ہے تم کو
خلافِ ادب بھی کوئی بات کی ہے

وہ دامن کی اپنے ہوا دے رہے ہیں
کمالِ محبت میری بےخودی ہے

میں بیگانۂ ہوش مجھکو خبر کیا
کہاں آستاں ہے کہاں بندگی ہے

کوئی ان کے ہاتھوں میں آئینہ دیدے
انھیں عہدِ رفتہ کی یاد آرہی ہے

سراپا وہ تصویرِ غم بن گئے ہیں
بلند اتنی تقدیرِ غم ہوگئی ہے

معینؔ ان کی جلوہ گہہ ناز ہے یہ
یہاں احترام وادب لازمی ہے

آواز (مجموعہ کلام) معین ادیبی

111

ہ

چکور چاند کا، بھونرا کلی کا شیدا ہے
کسی کے ساتھ تعلق ہمارا ایسا ہے

گلوں کو رنگ ستاروں کو نور بخشا ہے
ترے جمال سے کس کس نے فیض پایا ہے

ہمارے رنگِ طبیعت کا پوچھنا کیا ہے
یہاں تک ان کی نگاہوں نے سر چڑھایا ہے

سکونِ عشق میں پھر انقلاب برپا ہے
کسی کی یاد نے پھر درد کو ابھارا ہے

تمام عالمِ امکاں دھواں دھواں سا ہے
میری نگاہ نے ان کو اداس دیکھا ہے

زمانہ حسن و جوانی پہ تبصرہ کرلے
بھری بہار میں ہم نے چمن کو دیکھا ہے

غبارِ وقت بھی ان کو چھپا نہیں سکتا
میری وفاؤں کا ہر نقش اتنا گہرا ہے

معینؔ بجھنے نہ پائے چراغ اردو کا
اسی سے انجمنِ فکر میں اجالا ہے

ایک دلچسپ اور منفرد موضوع کا شعری مجموعہ

اردو شاعری میں تاج محل

مرتبہ : شجاع خاور

بین الاقوامی ایڈیشن منظر عام پر آچکا ہے